我爱你，我也不爱

阿莱 著

北京时代华文书局

序

我爱你，我也不爱

生活简单，爱也简单。

化简为繁，是笨人做的事；化繁为简，把复杂的世事抓重点、敲黑板，调理简单，算是有智慧的人生。

每次有女性主题分享，都会问这样一个问题，如果有来生，是否还愿做女人？下面举手者总是寥寥，每次都是，毫无悬念。那些女性，或有才有貌，或非富即贵，或对外是众多女人簇拥羡慕的对象……但是她们

——要么假装幸福，甘扮家中把“违心和窝心”悄声吞咽的“贤妻”，直至积攒出一身的妇女病；

——要么假装女性独立，实则三观颠倒，和男人剑拔弩张、势不两立，脑子里全是不知道从哪里读来，然后被植入进去的糊涂观念；

——要么狐假虎威地以“女汉子”自居，借以化解诸多尴尬，实则没人的时候，比谁都更需要爱，内心脆弱得像块豆腐，一碰就散；

——还有的，以在陌生男人面前验证自己的女性魅力为己任，用数量代

替质量，我好朋友用这样一句话来形容这样的女人，叫作“性格自贬”……

凡此种种，不胜枚举。太多女性，做女人是做够了的，又或说，是吃亏吃够了的。如果还有来生，她们真的情愿换个男人来做，以缓解此生憋屈之痛。

但是一个女人所遇到的那些问题，仅仅变成男人就全部消失了吗？是男性或爱情给我们带来伤害，还是我们未能把女性部分的好处发掘完全，路遇宝山却又空手而归，从而使所谓“伤害”得到了不断的“激增”和“复制”呢？

所有伤害与伤心，回过头去看，不过是一次次重复的“补考”程序。如果第一次发生的时候，你就有智慧和办法阻拦坏死的程序，那么下一次，自然可以顺利通行，而不是总在原地擦眼泪、“鬼打墙”、耗内存。这一点，男女都一样。

性别确实可以合理地避过某些东西，比如男人没有生理期，又不用生孩子。这也是很多没有其他本事可以炫耀的男人，天生觉得拥有性别优势的原因。但是性别不能决定所有，比如“性别”不能让一个人的“情商”爆表。

个人的“成功”与“失败”，和他是“男人”“女人”无关，而是“头脑”与“格局”、“真知”和“善用”的产物。

我爱你，我也不爱，是一首著名又有争议的法国歌曲的名字，也是一种火候微妙的做女人的态度。一个能给你带来伤害或伤痛的人，很大程度上，是我们给了他这样的机会和资格。第一允许他走近，第二允许他入心。

最近反复强调的一个词，叫作“自由度”。“自由度”所连接的，恰又是“不违心”，违心的日子，由于不是我之所愿，所以再好都不算好。

不违心的口子，即使结局扑朔迷离，但因为心甘情愿在先，因此总能甘之如饴、乐在其中。

人对心，心对口，口对手。

不拧巴，不伪善，不打结。

在有资格爱的前提下，爱就全力去爱，不爱就早点撤出（不被祝福的爱不在此列，物伤其类，有这么可喜可贺吗？我们不能不考虑无辜者的悲鸣）。这里面所有的因果、风险与付出，事先考虑明白，别的也就简单了。

人生是一个人的体验，爱也是，只不过有的体验，需要合体完成。合体完成后，体验却是自身的。就像两个人一起申请做项目，报告却要分开来写，因为角度、体验、成长都不一样。

我爱你，我也不爱。

在爱里不失自我，爱别人的同时也分一点爱给自己，保持距离，保持一点清醒，保持该有的姿态，更要保持一份守候幸福的霸气。

霸气不是祈求和哀怜，别被那些假女权的女公知害了，请不要相信任何“站着说话不腰疼”的瞎指点，而是要把主动权，稳稳地拿在自己手中。

还爱的话，就留守，直到有一天不爱了，才不留遗憾地转身离去。

女人需要柔软和盔甲。我爱你，是我的柔软部分，我不爱，是我的自爱底线，是我的盔甲。

当爱与不爱，全凭你自己做主，你就会明白，我说的“自由度”是什么了，那是一种清明通透之后，开始进入自选程序的人生态。

目录 CONTENTS

相信爱情，
即使它给你带来悲哀
也要相信爱情

真爱的第一个征兆，在男孩儿身上是胆怯，在女孩儿身上是大胆。

我终于感到，我们之间的全部通信只是一个大大的幻影，我们每人只是在给自己写信。我深刻地爱着你，但却不得不绝望地承认：当你远离我时，我爱你更深。

——安德烈·纪德

爱情的意义在于帮助对方提高，同时也提高自己。

—— 车尔尼雪夫斯基

尝过爱情味道的人，但愿从来不曾恋爱过。原来爱情不过是一道七彩的虹，美丽却适宜在远处，只能观赏，而且短暂，一忽儿它就踪影不见了。你寻觅又寻觅，它始终不肯再度露面。

—— 朵拉

世界上是先有爱情，才有表达爱情的语言的，在爱情刚到世界上来的青春时期中，它学会了一套方法，往后可始终没有忘掉过。

—— 杰克·伦敦

当我爱着某个人时，我希望他能在我身边，一起吃饭，一起看夕阳。但如果办不到，那我知道他和我看着同一个太阳就够了。让爱人和自己都能在恋爱中获得释放。这是年老才有的智慧。

——玛雅·安吉洛

原来你也在这里。

——张爱玲

今夜月色很好。

——夏目漱石

如果一个女人的悲剧或者喜剧，不再是男人，我们说，这个女人就活出了气象。

——胡紫微

爱是想碰触又收回手。

——塞林格

爱是慈悲。

——弘一法师

我们站着不说话就很美好。

——顾城

谁都没有真正的爱情，而只有一见钟情。

—— 查普曼

没有什么比一个爱情故事更美丽、更绝望、更可怕。爱情就像六合彩一样，总是以奇迹开始，以惩罚结束。

——克劳德 · 勒鲁什

友情是积累的，爱情却是突然的。友情必然要经得起时间的考验，爱情却往往在一瞬间发生。

——古龙

说到底，爱情就是一个人的自我价值在别人身上的反映。

——爱默生

真爱的第一个征兆，在男孩儿身上是胆怯，在女孩儿身上是大胆。

——雨果

相信爱情，即使它给你带来悲哀也要相信爱情。

——泰戈尔

爱情只有当它是自由自在时，才会叶茂花繁。认为爱情是某种义务的思想只能置爱情于死地。只消一句话：你应当爱某个人，就足以使你对这个人恨之入骨。

——罗素

如果一个人没有能力帮助他所爱的人，最好不要随便谈什么爱与不爱。当然，帮助不等于爱情，但爱情不能不包括帮助。

——鲁迅

我以为爱情可以填满人生的遗憾。然而，制造更多遗憾的，却偏偏是爱情。

——张爱玲

爱情是生命的火花，友谊的升华，心灵的吻合．如果说人类的感情能区分等级，那么爱情该是属于最高的一级。

——莎士比亚

一个好女人，能把男人变成快乐的人，一个坏女人；能把男人变成哲学家。

——苏格拉底

如果我结婚，我想深处婚姻之中。

——奥黛丽·赫本

女人敢走，是看准男人会回头。男人头也不回，是看准女人不敢走。

——张小娴

婚姻不幸福，不是因为缺乏爱，而是因为缺乏友谊。

——尼采

在爱情里，我们都藏有一个执念

韩剧《鬼怪》中，孔侑扮演的拥有九百岁生命的帅大叔，胸口插了一把浸满“爱恨情仇”的佩剑！他早已厌倦了轮回不死，心心念念想要寻到能拔出剑、替他结束不死轮回的“鬼怪新娘”。这是九百岁大叔的执念！

然而当他真的找到“鬼怪新娘”，九百年前的故人、恩人、仇人、亲人纷至沓来，使他卷入一个又一个无法自拔的“深渊”，有的“深渊”，甚至可说是一种“甜蜜的幸福”，正是这种九百年难遇的“贪恋和甜蜜”，让不忍离世的鬼怪徘徊不去、泪雨滂沱……

爱情这个事，说到底，几乎是全人类的死穴了！所以大家才会跟着剧中人物一起，各种对照和做梦。哪怕你再不想承认，也只能证明，你只是被爱伤过，而不是从来都没爱过。

曾几何时，谁心上又不曾插过一把叫作“爱情”的剑？

伤了别人的人，总期望能通过“对不起”三字，轻松获得原谅。如若不原谅，那就是不宽容。但假如轻易就原谅了，伤人者是不是也很难痛定思痛呢？所以原谅也有原谅的诀窍。太过容易放其一马，日后再犯的可能性，应该也会比较高吧。

最近半年的娱乐圈闹心得紧，明星们各种私事外扬。有的是男人出了问题，有的是女人。吃瓜群众舆论来回倒，看戏看得比演戏的还要投入。其实这里面，无不是渗透了太多自身在这些事件里的投射。大家都在等待明星的选择，好来判断自己的选择。

“原谅”或是“不原谅”，总是各有隐情，外人永远不要妄自揣测。看客或网友总以为自己很高明，这其实才是最糟糕的。婚姻以感情为起点，然后慢慢地，会掺杂进很多社会性的东西，感情可能会像酒精，慢慢挥发，但其他东西，却能以倍加稳定的状态，存留下来。你说习惯也好，你说爱也罢，我觉得都对。

且这种过程，无论你跟谁结婚，都一样。妄想通过换人，获得成长，绝对天方夜谭。这就像一个人味蕾麻木了，妄想用再辣更辣无比辛辣的食物去不断刺激，最终等待你的，大概只能是生舌癌了！

那么感情的味蕾如何恢复？这与味道的味蕾，如出一辙。

世上的高级料理，大致的口味都是极其清淡的。要焕发的，是食材自身最朴素的味道和营养，是它们本真的样子，本真又本来，而不是用各种调料腌制出的再也尝不出本来味道的《红楼梦》里的“茄鲞”。

爱情也是同样。众里寻他，最终那个人，就在你经过的路上，经过又丢掉。丢掉又怅惘。《鬼怪》“遗恨”了九百年，但至少他没有“错过”，而我们“遗恨”的天数和小时，是否占尽了人生的大多数呢？！

这遗憾是因为“从未遇到”吗？还是“错失”了呢？

说到遗憾，就想到高仓健。

他的病逝，当时曾引起不小的震动。人们尤其着情于他的婚恋史。高仓健一生无绯闻，只有一段 12 年的婚姻，离婚是女方在冲动之下单方面宣布的，后来的高仓健终生没有再娶。

其实像他那样的男神级人物，投怀送抱的人绝对不少。但是世人按图索骥他生前说过的那些话，做过的那些事，无不感慨唏嘘。

因为他们发现，高仓健的前妻虽然在 45 岁那年就已经离世，但是在高仓健心里，妻子的位置始终没人能够替代。他好像是在失去这段婚姻之后，才明白这个女人对于自己的意义。

只可惜一切都晚了。人们总是醒悟得太晚。单方面宣布离婚声明之后，妻子已经后悔，又赶紧联系高仓健，说这个婚不要离了。可高仓健是怎么说的？他说，记者来都来了，不能改了。这是高仓健的“尊严”和“倔强”，可是与“半生痛失”相比，这年轻时的“负气”与“倔强”，又是多么“轻如鸿毛”！

离婚后，前妻离群寡居，多年酗酒。

高仓健虽迎来事业高峰，但心门却始终未能打开。

曾经让彼此都深感折磨的婚姻，当终于解体的那一刻，彼此才突然发现什么叫“怅然若失”。太多人身处婚姻中，从不知道那个看似满身缺点的“女人”或“家伙”，其实就是你的“生命之魂”。错过就再也找不回。

好姻缘这一生，也许真的只能遇到一次。

高仓健生前，曾写过这样一段令人心碎的话：我在欧洲大陆的最西部，洛加岬村头的一家咖啡馆里写这张明信片，我们正在等待夕阳落入大西洋的那一瞬间。不知什么缘故，我非常地想念你。

当时高仓健在葡萄牙。当他在明信片上写下这几行字之后，才发现，自己根本没有可以寄明信片的人。因为那个人，永远都不会在了。

1999 年，高仓健主演的《铁道员》囊获无数奖项，电影主题曲应他的要求，选择的是妻子江利智惠美的成名代表作《田纳西华尔兹》。

那一年，高仓健已是 68 岁的老人。

而前妻，依然是他心中，温热且挥之不去的一颗泪。

就像孔侑扮演的千年武士，我们心里念着，曾经想要拼命对她好的那个人，然后我们心上，却又插着一把叫作“后悔”的剑！

夫妻之缘，前世之约，真的不可轻易解散。

谁是你的“海市蜃楼”

有人愿意在感情上被玩弄于股掌之间吗？

26 岁的涛，遇到比自己小两岁的任性的橙，橙在感情上很随意，希望身边时时刻刻都有男人陪。只有没人陪的时候，涛才是橙的首选。只要橙在外面结识了新男孩儿，她便把涛抛在脑后。

不过听涛说，这些年，橙也动过真感情。当然都不是为了他，而是为了其他人。她哭也哭了，笑也笑了，涛就是她的终极垃圾筒。更神奇的是，橙很霸道。她只允许涛爱她，除了她，则不许他与任何其他女人来往。

橙的“蛮不讲理”，居然在涛看来，反而是一种爱的“告白与希望”！——难道橙是因为太过喜欢和在乎自己，所以不允许我望向他人吗？

涛的心声，让人觉得他好像已自封为橙的贤良后宫。

皇上可以一辈子不来我宫里，但只要皇上不准许我另嫁他人，就说明他还是爱我在乎我的。这是一种怎样的奴性爱格在作怪？

寻常人在褒贬别人的时候，总是充满仙气儿，衣不带水。

一旦回到自己的日子里，就会知道，别人犯傻的时候，我们也没闲着。

橙在涛这里，是高高在上的“爱情君王”。

但是到了其他人那里，她也是别人爱情游戏里的“手下败将”！

这是不是就是港片里的那一句“出来混，迟早都要还”呢？

涛一直在幻想，幻想橙终有一天，会回心转意做他的妻子，但是后来又不敢想了，因为女孩儿的私生活实在太乱了。但你让他彻底断了和橙的往来，他又做不到。

这不就是毒品和瘾君子之间的关系吗？

《鬼吹灯》播得如火如荼，沙漠上的“活地图”安力满，总是会有惊人之语。他说，沙漠上最可怕的，不是黑风暴，不是流沙，不是缺水，不是这一路上所遇到的各种奇奇怪怪的事情，而是脱水者所出现的那些幻觉。似乎看到城池了，似乎找到水源在望，其实这一切，都是魔鬼预先设好的陷阱。“雪莉杨”解释说，这就是“海市蜃楼”吧！说白了，就是抱了不该有的希望。那才是真的绝望。因为所有的方向都是错的。是海市蜃楼，却有人，还在拼命忘死追逐！

而橙，就是涛生命中的一种毒瘾和“海市蜃楼”。即使他有一天，遇到一个愿意真心待他的姑娘。他也依旧是忘不了橙的。涛说，就算是结婚了，只要有一天，他知道橙需要他，他也会义无反顾地第一时间出现在她身边。

事已至此，痴魔到此，我们只能说，祝愿他还是不要结婚了。这样的话，至少在这段病态的感情中，还能少牵连一个无辜的人。

找一个正常的人谈恋爱

猜感情中最可怕的是什么？是阴魂不散、死缠烂打、总甩不掉。

这种“甩不掉”，不是故意玩弄别人感情那种，而是一段爱情中正常的“生老病死”以及“悲欢离合”。

爱的时候大家都“非你莫属”，等到觉得彼此并不合适，双方若都能理智看待、和平分手、不留后患，那这段爱情，就算是“得了善终”，还有句话也能形容，叫作“吃相好看”。

以前看香港的鬼片儿，那些在世间依然有心愿的鬼魂，总是会留在从前的房子里执着着徘徊不去。这样的鬼，大抵是女鬼。比如梅艳芳和张国荣的《胭脂扣》。女鬼如花执着不肯离去，是因为十二少答应了与其共赴黄泉。谁知故事的结局是十二少一人独自偷生人间……这可能也是，人们的挂念中，总觉女人更痴情的原因吧。但其实在痴情上，不分男女。

说到夫妻之间，人生在世，前情一过，可能上一段感情，就已宛如前世。有的人已喝下孟婆汤重新上路；而有的人，还在踟蹰停留着。

45 岁的肖军，已经再婚，和第二任妻子有了一个才满一岁的女儿。生活仿佛重新开始。但很不凑巧的是，男人与前妻，原本在同一个单位上班，前妻后来也组了新的家庭，儿子都已经上小学了。

本来是谁都不碍谁的事，想不到因为工作上的变动，前妻又调回了男人所在的这个组，于是一切平静都被打破了。前妻原本就是个八卦多事的女人，这下子重新遇到肖军，就更不安分了，到处打听肖军和现任老婆的事情，包括他们多年没有孩子、如今才刚生了个女娃，都让前妻沾沾自喜，认为自己早就给第二任丈夫生了儿子，于是就占了绝对上风。

除了在单位里折腾之外，前妻还和肖军的表姐表弟的也都联系上了，为的就是多打听一些关于肖军两口子的事。这不禁让肖军想起当年和前妻分手，就是因为她这个八卦好斗的性格。

按说这件事已经过去这么多年了。当初两个人都二十多岁年纪，结婚不到两年就分了，又没孩子，分手是肖军提的，所以女人才会一直怀恨在心吧，甚至直到今天都无法释怀，巴望他混得处处不如自己、越惨越好。

有一种尴尬，叫前任。

从分开那一刻起，彼此就成了陌路，甚至连陌路都不如，陌路人有事儿还愿意搭把手呢，而他们，是真能做到对面不相逢的，因为彼此在一处的时候，实在是伤得太深了。

还有一种前任，就是完全分不清、撇不明的关系了，也不知道这两个人到底怎么想的，就是喜欢暧昧来暧昧去，当初既然这么好，又何必要分呢？

所以才要说夫妻是怨偶，平白的一个人，以感情的缘故，用相爱的借口，就住进了你的屋里,然后两个人从此吃喝不分,睡觉不分,晨昏不分,钱财不分。比世界上任何一种关系都要亲近，甚至超越了亲情母子。

但当有一天爱不在了，你们经由法院收回了当初交由到对方手上的各种权利和义务，从此清风明月两无碍，只可惜，法院能判关系，却不能断孽缘。

为什么一个已经退出别人舞台的人，依然敢在人家的生活里上蹿下跳?要不就是她认定自己在上一段感情中有冤情，所以死不瞑目；要不就是她现在生活得根本不幸福，所以不甘心!

回望，是为了珍惜

类似话题太多了。人们追逐爱情和激情，尤其是禁忌之下。所谓禁忌，就是越不应该、越不让，人们反倒觉得，越充满诱惑和刺激。

于是很多人突破道德底线，追逐本不属于自己的爱情。

道德这个事，说起来挺吓人，但其实特别简单，叫作“己所不欲，勿施于人”。

回到感情上，一切“只许州官放火，不许百姓点灯”的行为，都不应该被提倡，更不许堂而皇之包裹上“爱”名义。“自由爱”的前提，首先是不要进到别人家里去“偷菜”。

这一年，民间出轨事件频发。于是我采访了太多第三者毁坏婚姻的话题。

原谅？还是不原谅？经常被拿来向我提问。

很多人选择不原谅，然后从此陌路不相逢。也有人干脆选择原谅，但日后想起无不是后悔不迭，因为原谅不仅暗含了牺牲，同时也暗含了很大程度上的违心。

那么在谈原谅还是不原谅之前，我们首先要明白的一点就是，为谁原谅？

如果你是为了原谅而原谅，那真的大可不必，没有谁会真正感激你的原谅，没准有一日对方还会恩将仇报，翻脸不认人。如此说来，岂不得不偿失！

因此真正的原谅，最好不是为了对方，而是为自己。好好想一想，你现在究竟想不想放弃这个人？假如不想放弃的话，就不要放弃好了，这时候的不放弃，跟原不原谅他（她）其实无关，当然在这样大是大非的关口，你能够选择接纳，对于对方来说，就是一种值得三叩九拜的大赦。

但其实，我们必须要明白一点，那就是所有的原谅，最好都是为了自己。

那好吧，我们就为自己，原谅一次。因为我还对他或者她，没有全然忘情。因为这件事，还不是因为我的厌倦或者厌烦而终结，所以即使真的终结掉，我也会死不瞑目。所以，我选择暂时包容和接纳，那么也许有一天，当我真的找到更好的，可以替代他（她）的人，那时候我再来放弃也还不迟。

所以这才是原谅的真正过程和节奏。哪怕日后有任何节外生枝的部分，我们也更容易心甘情愿出来承担，因为亲爱的，当年所有的选择和决定，当真都是为了我们自己能够更好过一点，也为了不至于在多年后，哭着说，因为我的不原谅，我错过了生命中的最爱。

有句话，叫作“失去后，方知珍惜”。也许这世上，原本就没有那种一对一的纯爱。相对于 “眼里不容沙子”的忠诚，也许两个人的共同成长，才更符合婚姻的本意。

人生这件事，既没有我们想象的那样长，也没有我们想象的那样短。

尤其最最紧要的关头，婚姻将断未断的时候，赌气真的很耽误事儿。

一切都没有幸福重要，尤其是两个人在一起那种心心相印的幸福感觉，一旦找到了，百回千转，应该不会错。

好日子都是短的，坏日子都是长的，这可能是一种相对论，是一种命运，也可能是一种人性上的贪婪。所以回望的意义，往往是教会人们要珍惜眼前。

人不可能两次踏进同一条河流，眼前人也是，错过了，就是错过了。“朝花夕拾”的时候，拾起的也仅仅是朝花的魂魄。人这辈子最不值的就是“丢了西瓜拣了芝麻”，尤其在爱情路上，有多少人犯过类似的愚蠢的错？假如他们想回头了，你愿意再给他们一次机会吗？

在爱情中保持一份初心

丈夫出轨后，每个女人的选择都是不同的。有人长痛不如短痛。有人卧薪尝胆、隐忍不发。也有人置之死地而后生，痛过哭过最终凤凰涅槃。

还有人，干脆对于伤害自己的行为，进行破罐儿破摔的效仿。你出轨我也可以出轨，你在外面玩，我也可以在外面玩。这基本等同于“用别人的错来脏自己”！

“喝醉的男人身子真的很沉，他几乎整个人都倒在了我身上，我一点点把车停好，然后扶着他进电梯，那会儿我还没想过我会和他真的发生什么，然后打开房门的那一瞬，他一把把我拽了进去，我脑子顿时混乱了，心想，不会吧，这个人到底是醉还是没醉啊。总之非常搞的是，我居然在那样一个时刻还没忘记问他，你到底结婚没？我还记得他含含糊糊说了一句，没……那之后，我又认识了另外一些不同的男人，我遇到的男人越多，约会得越多，我就越不了解我自己，也更恨他们！”

这是一个被出轨之后的妻子的自述。貌似做了同样的事，给了对方同等的伤害，但自己内心坚持的某种东西，也会从此彻底丧失。建立它，可能需要很多年。摧毁它，却只需要一瞬间。

还记得某日，我应邀去北京录制央广的两期读书节目。路上就看到朵朵厚重洁白的云团，非常梦幻地挂在湛蓝的天上。树叶碧绿，沙沙作响。我当时就跟出租车司机说，瞧，北京的秋天来了。司机笑着说，我每天在这条路上开车，都注意不到这些。

路边不时飘过香椿的味道，我干脆摇下车窗到处去找香椿树，我们小区的香椿树树叶，早早就被人拔光了。但司机告诉我说，那不是香椿，那是另外一种树，不过味道与香椿相似。

我特别喜欢各种漫无目的的对话。我现在觉得目的是一件一等一无趣的事情，凡是有目的的事情，我大多抬不起眼皮，挑不起精神。

昨儿在电台院儿里，又赶着签了一点点签名本出来，其中我最喜欢的一行字，便是“生生不息，温柔前行”。“生生不息”是我当下的感受，“温柔前行”是我书里面的话。

工作着，原本是缺乏乐趣的，然后乐趣却又是可以自己去找到的。在工作中尽量去找到乐趣的过程，我想那就是一种成长中的美丽了。婚姻，是不是也能如此呢?

总之我已经学会如何在陀螺一般飞转的日程里，尽量去忙里偷闲地闲庭信步。比如看看书，看看花儿，写一行字，又或者，对着刚认识的朋友微笑。

夫妻共同在外面玩儿的人，都会有一种奇特的想象。他们认为一旦到了彼此都玩不动的时候，他们就会重新回到彼此身边，神奇地牵手，一起共度晚年和余生，就像明信片里的画面一样，夕阳如此美好。

可是这真的可能吗？

没有年轻时的相依和陪伴，难道那个老了的人，会转性来照顾和伺候已经不再美貌或者健壮的你吗？

所以真到了那个时候，这些貌合神离的夫妻档，是不是还能做回寻常爱人，肯定是一个未知数。有些时候，所谓退回去，并不等于回到原点。原点始终是原点，不具备足够的初心，又怎么可能回得去呢？

很多在外人看来美满极了的夫妻，没准都是这样一种奇异的朋友。他们表面上光鲜极了，一起出现在聚会上，大致是会收获无数羡慕，但其实，那些生活中“金玉其外，败絮其中”的部分，只有他们自己最明白。

还是那句话。女人面对背叛的时候，反应各不同。但无论是默然咽下，还是抬手反抗，都是不忠诚的婚姻，带给当事人的暗伤。有些人看似是看开了，但其实是把自己对爱情的忠诚也毁掉了。

我们都希望看到寻常夫妻温暖生活的画面。只可惜，一些原本应该温暖的画面中，开始出现一些夹生的、也许这辈子都无法抹掉的幽暗印子。

两颗都已背叛过的灵魂，真的可以不计前嫌找回从前的幸福吗？我们只能拭目以待。或说，这不仅关乎爱情的信心，更关乎人性的信心。

生命与爱情从来都不是容易的

她长得很美：有点瘦小，头发枯黄，大眼睛，吸烟，像是深颜色版的周迅。

这一副古灵精怪的样子，很是吸引男孩子，于是 26 岁的她，和 20 岁的他恋爱，这恋爱一直谈了两年，现在他 22 岁，她已经 28 岁了，按说，她是真的到了应该结婚的年龄了，可是他呢，22 岁，是不是还小？很多方面都还没有长成似的。当然他认为他已经很成熟了，足够担负起一个小家的责任。

可是对于女生来讲，却又很是明白，一旦结婚，所有的风险都在自己这儿，因为他还年轻，输得起，而自己已经输不起了。在他之前，她曾经谈了三年的恋爱，后来两个人分手，她已经蹉跎到二十五六岁的年纪。

人生就是这样，挺关键的一年，一下子就划过去了。

和前男友分手之后，她突然间觉得自己老了，眉头上都有抬头纹了。她觉得很悲伤。25 岁的女人，还没有一个着落。后来就认识了他，那时候他还不到 20 岁呢。但是他很单纯，很会照顾人，和他在一起十分轻松。

“我们是在游戏厅认识的，他玩得很好，我也玩得不赖，他说他很少碰到会像我一样痛快的女孩子，于是我们到处相约去玩。他那会儿没多想，我也没有。谁知道日后会怎么样？反正我不想再谈什么煞有介事的恋爱。他呢？那会儿连二十还不到，更不会想这么远。直到有一天，我们去玩水，然后在海边，他莫名其妙就吻了我。当时我一下子就乱了，突然意识到不对，我们好像已经越界到另外一种关系里了。”

当然她也没有多想，只是能玩到一起，那就在一起好了。可是现在两年多过去了，又到了需要做决定的根节儿。再拖下去，是她的风险。如果结婚的话，还是她的风险。年龄对于女人，怎么就如此残酷呢？

眼下的社会，虽已有太多人，对姐弟恋抱有一个非常宽容的态度，但恐怕也是指岁数相差不悬殊的两个人。比如一两岁之类。一旦超过三岁，这问题恐怕就有点严重。男比女大没问题，但女比男大，很多人就都要摇摇头了。

尤其很多否定票，还都不是来自外人，而是来自自己，来自于女人自己对自己青春流逝的恐惧。

最著名相差8岁的明星姐弟婚姻，前阵子也风雨飘摇过，现在看起来虽然还算稳定，但总觉得，真相后面还有真相似的，让人心里不落停。

无论如何，国人对于女性审美，大抵还停留在“青春美貌”四字上。又有“青春无敌”一说。好像只要占领了青春的高地，就占领了一切似的。因此对于“女大男小”的婚姻，就像对于“好花不常在”的感慨一样，好像从一出生，就注定了悲剧的结局。

现实中其实也有不少幸福的“女大男小”的婚姻，当然前提是他们彼此之间不要太过悬殊，至少不能超过三岁。有人说，现在每五岁就应该算作一代了。可是凡事都有特例，能享受特例的人，一般也都要有一个非凡的胸襟。

有时候，在能够挥洒得起来的年纪，比如 22 岁，可以尽情享受恋爱滋味；而有时候，在一个即将成家的年纪，比如 28 岁，恋爱这件事不可能不问结果。

所以此时此刻，我突然发现了婚姻的秘密，那就是两个人最好有共同的需求，即使没有共同需求，最后也要能够曲线救国到同一条道路上。

但假如一个还想着玩，一个却想着安定下来，那确实是一件比较令人头疼的事。所以抛开感情年龄不谈，先把各自眼前的需求来沟通一番，看看有没有可以合并同类项的地方，才是正道。

其实我总觉得，没有百分之百的完美婚姻，不然保险公司为什么从来不接给婚姻买保险的保单?

有些婚姻，看起来胜算大些，有些反之，但一切都不好说，包括那些看似美满的夫妻。未来当真不可预测，如果说铁定幸福，谁都没有把握。

之前有个消息震动了文坛，顾城遗作《英儿》中的原型李英，病死于澳大利亚悉尼一家医院。

无人知晓，身边一个亲人没有，包括她的现任丈夫刘湛秋。李英和顾城、刘湛秋以及顾城夫人谢烨之间的那一段公案，也将随着她的离世，彻底成为令人叹惋的烟云。

所谓“人死如灯灭”。如果李英知道她不过短短50载的生命；如果李英知道她当年千辛万苦地“出国”，对于二十年后的人来说简直易如反掌；如果李英知道女人的小把戏和小聪明，会引燃这样一场情欲大火；如果李英知道……她当然不知道。

如果她知道，她必定不会活得像当年一样。一切都像一场宿命，顾城、谢烨、李英，每个人都卖力演出了，甚至付出生命，但这份结果对于每个人来说，都不值。

真爱无敌不过是一场烟花般的梦

有时候，人对时机不对。有时候，时机对人不对。

很快就要结婚的准新娘，却在这个节骨眼上遇到了真正喜欢的男人。他父母都在国外，如今一个人到处跑，大部分时候都住在酒店里。女生与他几乎一见钟情。两个人开始情不自禁地交往，女生由于对男生太过喜欢，同时也知道这种喜欢的不应该，所以就更不敢把自己马上要结婚的真相告诉他。

“他虽然比我未婚夫年长，但是由于常年生活在国外的缘故，所以普通话说得磕磕绊绊，还总会配合一些非常萌和搞笑的表情。他其实是到京津两地来旅游的，然后需要一个比较好的陪伴，就发出了邀请，然后我就出现了。也有人说，这种陪伴都是不正当的，但他们真的想太多了，他真不是那种人，我也不是，直到现在，我们也没有发生那些事情，但他已经明确告诉我，他喜欢我，我其实也喜欢他，我也实话实说了。我们有过很亲密的时刻，但还没有到最后一步，因为我还有些迟疑吧，然后他很尊重我。”

他们就像一对没有明天的小孩，忘情地在一起……说到明天，女生现在也是连想都不敢想。一方面，她想在婚前给自己一个真正的“放飞”，当然是这种情感上的“放飞”，对于女孩子的未婚夫而言，当然是不公平的。

他和她从高中就在一起，如今已经历经 8 年时光，说不爱，不可能，如期结婚的话，一切都停留在最圆满的大结局处。未婚夫踌躇满志等待迎娶女孩，但女孩这边，接下来这步棋该怎么走？

此时此刻，凡事讲资格，会不会显得迂腐和老土？其实越是那些反资格的人，他们内心里对于资格的渴望，才越严重。

大导演李安曾经说过，总想着如何去表现风格的人，其实是最没风格的。风格，是只有没风格的人，才会去考虑的事。这话真霸气，也真对。

回过头再来说资格，我其实反对所谓“真爱无敌”的说法，再怎么“真爱无敌”，你也不是活在真空里。更何况现在有太多露水姻缘都以“遇到真爱”的借口去掩饰，让人一时间感觉到良莠不齐，真假难辨。好像如果反对了某人，就是在和真爱作对似的。

那么什么是真爱？真爱必须经得起时间的考验，一时间的烟火一般地挥发，即使再绚烂，又能如何？真能靠那一点火光照耀一生吗？

时间是解药也是毒药，有很多冲动，一遇到时间，就都化成污水了。

那么那些被你驳斥的爱情，其实还都是经过了时间的考验的，时间让再激情的爱，也变得平淡和家常，于是这“平淡和家常”竟成了“没有感情，失去新鲜”的代名词。请问，难道你换了另一个人，就可以保证永远“常爱常新”吗？

有时候真希望能够做一些时光游戏。比如，让你最初遇到的人，换成了眼下这位“真爱”。然后让你曾经的“旧爱”，在对的场合、对的时间出现，那么你是不是也会顿时对于“旧爱”，开始痴迷不已、无法自拔呢？

不是我老了，而是我多了一个旁观者的角度。所有甜蜜的情感，当事人的冲动，在我看来，都是不急于去认证的。因为反正还有的是时间，到时候，时间一定会给出一个最为正解的答案。

但假如就连当事人都说，“我什么都不知道”的话，那我就更“什么都不知道”了。

当然很多时候，人们都是在懵懵懂懂之中，就把自己的命运改道了，因此再说什么后悔不迭，也都晚了。

还有的时候，其实自己是知道的，对于一切后果，只是装不知道而已。就像杀人必须偿命一样，这个还需要特意知道吗？

有时候生活太平静了，人们就盼着作出一点波澜来，这下子好了，波澜终于出现了，接下来该怎么办？就看你自己懂不懂收放自如了。有句话叫“玩火自焚”，共勉吧。

谈一场不分手的恋爱

三毛有首歌，叫《说时依旧》。她的词，林慧萍来唱。

“重逢无意中，相对心如麻。对面问安好，不提回头路。提起当年事，泪眼笑荒唐……”

这样的词，说的应该就是初恋或者旧爱重逢吧。歌中的意境，显然是时光不再的感觉。

就像张爱玲在《十八春》里写道，多年之后，曼桢终于见到了世钧，当年一直想着要把很多话告诉他的，如今看来，也确实没有那个必要了。于是她只对他说了一句，世钧，我们回不去了，谁都回不去了。

那些曾经以为可以牵动你心肠的爱与恨，在“时过境迁”四个字的逼迫下，让你突然觉得回溯往昔，已经毫无意义。因此旧爱重逢，大部分应该是“相对心如麻，泪眼笑荒唐”吧。不过也有人，恰是因为重遇旧爱，而获得新生。

原本被众人非常看好的女孩儿，结果却下嫁给了让所有人都并不看好的男孩儿。究其原因，原来男孩儿是女孩儿的初恋，二人分开八年整，命运又让他们重逢。八年间彼此都经历过不同的感情，最终在二人都恢复单身的时候，居然重逢。

"接下来就是整整一个下午的忙碌，晚上，我自己莫名其妙跑出去逛街，然后就买了一双厚底的花球鞋给自己。那种感觉，是我好多年都久违了的。微信消息一直在提示我，有人发消息给我。我仿佛沉浸在突如其来的恋爱里，这时候，他发了一个很谨慎的表情图过来，问，你现在是一个人吗？我看了看身边左右，回了一句，当然。难道你在跟踪我？他赶紧发过来一行小字，我说的，不是这个意思。那是什么意思啊？我回。随后恍然大悟，原来他是想问我，我现在有没有男朋友？我于是卖了个关子，告诉他，我在某某大厦逛街呢。他很快发过来一行信息，等我。"

唯一的变化，就是两个人身份上的悬殊，男孩儿依然是在生存线上奋斗的男屌丝，而女孩儿却是经营着一家小公司的傲娇的女老板。从经济上来说，女人强过男人太多，用社会上的眼光去看，女高男低的结合，总是不被祝福。

然而女孩为了男孩儿，居然甘愿从自己的大房子，搬进男孩儿的简陋屋，平时下班后，还会和男孩儿一起骑自行车、摆路边摊、吃羊肉串儿。偶尔被公司员工碰上，女孩儿也都落落大方，还给大家介绍这是她男朋友。

在很多人看来难以逾越的经济鸿沟，对于深陷爱情的女孩儿来说，就仿佛不存在一样。她说她真的觉得和他在一起很幸福，哪怕过的就是那种最普通的日子。假如男孩儿觉得女孩过去那种高端生活，让他感觉到压力，那她完全可以放弃之前的一切，和心爱的男人回到最初的起点，慢慢开始。

所以你看，不是所有世俗的故事，都会有一个世俗的结局。

有一个很好玩的国外童话故事，结果却阐述出一个爱情和婚姻中最为重要的问题。

鳄鱼先生爱上长颈鹿小姐，两个人决定在一起。先是长颈鹿小姐来到鳄鱼先生家，但是长颈鹿小姐太高了。而鳄鱼先生的家太矮小了。长颈鹿小姐坐在那儿，脑袋都可以伸出屋顶。于是鳄鱼先生又来到长颈鹿小姐的家，结果发现，他个子矮小到连她家的楼梯都上不去。

但即使这样，他们也没有被困难吓跑。因为他们发现，如果盖一个带游泳池的房子，然后两个人泡在水里，似乎可以解决他们彼此因为身高而产生的差距。于是他们真的盖了一座这样的房子，从此后幸福地生活在一起。

所以你看，即使再相爱的两个人，婚姻中也会出现各种各样的问题，那么你是因为这些问题的出现，而轻易放弃自己的爱人？还是两个人一起解决外在一切，绝不让心与心之间产生分歧？

爱真的需要花很多钱吗？我不知道。我只知道浪漫这个词，不知从什么时候开始，已然成了消费的代名词。好像如果不花钱消费的话，就不浪漫似的。

比如出国游，再比如送女孩子手袋钻戒名车，举行国外的海岛婚礼，抑或盛大得宛如电影开机的订婚仪式。总之，都是一种“烧钱”外加“晒幸福“的举动。

那天看到超市卖防晒霜，忍不住想笑，不知道拿去给那些爱晒的人涂一涂，会不会管用？至于那些因为别人爱“晒”，而导致自己很心酸、很顾影自怜的行为，又算不算是“晒伤”之一种？

“晒“这个词，已不再是简单的“于阳光下曝干或者取暖”，而是一种暗含了“秀”的新定义。遂所有的幸福以及爱情，都必须要有能够晒出来的部分，否则如果你只是低低地、默默地、淡淡地爱的话，恐怕就连沉浸在爱情中的人，也会因为旁观者太少，而没了很多的兴致。

一方面，我们呼吁网络侵犯了各自的隐私；另一方面，我们又在享受着网络的好处，不然的话，你戴了一块名表在手腕上，不借助“朋友圈”的渠道，你是不可能挨个儿去敲朋友家的门，然后逐个儿去告诉对方的。

因此在这样一种“将别人的羡慕当作幸福”的可怕潮流之下，有人能够逆流而上，不去受这些外界的干扰，剔除掉物质，认认真真、干干净净地去谈一场属于自己的恋爱，绝对是值得赞赏的。

爱情真的从无定式，有些真诚的爱情刚放在你的眼前时，你们年少无知、两小无猜未必真的会欣赏，可能确实需要在时间的沉淀之后，你们才能够品得出对方于自己的分量。这时候若能朝花夕拾，甚幸之。

人人都会坚信自己眼前的幸福。但婚姻的要义，肯定不是一帆风顺，而是屡败屡战。未来会有怎样的风雷雨电，不可预知，可预知的就是我要和你并肩站在一起，这才是我们最好的爱情。

你无法打动一个不爱你的人

爱有时候，确实仅仅是一个自己打动自己的过程。

那个参与者，也许并没这么感动，对于你对他的付出，他也许十分麻木。这你也只能接受，爱情有时候，就是一出独角戏。无论男女。

有些题，真的无解。我不爱说那些凭空鼓励人的话，虽然可能会有点管用，至少镇痛，或者说会起到一定正能量的作用，但却并不当用。人有时候很奇怪，同样一桩人和事，不到时辰，都不会掂量出它对自己的重要性。

电影《归来》改编自严歌苓小说。小说当然是比电影要好，因为小说中讲到了失去，然后才是珍惜，而电影都是满满的珍惜，好像是大时代造成的失去。但小说里面其实不是。

小说里面是男人对于很容易得来的女人的失去以及不珍视，实在没办法才娶了，然后只能放在家里，视同无物，然后又到外面去找，然后回归，最终只有在落魄时遭受命运劫难时，才会明白，谁最珍贵。

张学友有首老歌，歌名就叫《你最珍贵》：我会送你红色玫瑰，你别拿一生眼泪相对，未来的日子，有你美梦才会真一点。我学着在你爱里沉醉，你守护着我穿过黑夜，我愿意这条情路相守相随，你最珍贵。

这歌词，是不是即使放在电影《归来》的画面里，也很恰当？！

不是有句很著名的话吗？叫作，你永远无法叫醒一个装睡的人。同理的是，我们也永远无法叫醒一个假装不知道你爱他的人。当然了，有一天，时光会帮我们叫醒的。

“我们结婚后，我一直都盼着能为他生小孩。他根本不知道生小孩对我来说，是很大一个关口，因为我贫血。心脏功能也不是很好。但我很想为他生，哪怕死在产床上，我觉得也是值的，那是我一辈子的一个梦。后来我真的怀孕了，然后还是个男孩儿，你能想象我的那种兴奋，只有他觉得这一切都无所谓，哪个女人不怀孕呢？说实话，我真是有些伤心。但我想小孩子一出来，就会不一样了，毕竟做爸爸了。但一切都和我的想象有出入。我生小孩大难不死，醒过来的时候，我爸妈抱着我在床头哭，他站得远远的，一副不知所措的样子。我醒过来，他说，你们看，我说她不会有事吧。就是这么冰冷。”

所以当一个女人，拼着性命之忧，为一个男人去生孩子。她以为这是对于他们的爱情的最好纪念和馈赠。而男人却不这么想。男人觉得，生也好，不生也好，都随你，我都没意见。

这种模棱两可，也许才最伤人心。

其实这也是男人的真心话。可能女人真的不是那个让他心尖儿一样去珍视的人，所以他也装扮不出来情深意重的样子，也不懂得装。

而女人就伤心死了，对比自己受过的罪，那样疯狂地保胎，上产床前的惊险，生出儿子来的惊喜，瞬间都落空了。他不在意，那么谁的在意，也都不重要了。

还记得他们结婚之前，男人倒是也郑重问过她。我就是这样一个冷冰冰的人，你受不受得了？女人说，我又不是今天才认识你，你是外冷内热，我知道。

当初的情话，现在听来都有几分口冷。人家男人是丑话说在前头的，摆明了不想过多付出；而女人，一副飞蛾扑火、在所不惜的样子。

无论各种感情纠葛，说到底，不过“喜欢”和“不喜欢”之分。

喜欢，就各种甘心情愿；不喜欢，就是另外的事了。你对我好，我也不一定要对你好的。爱情就是冷漠，不讲道理，管你是谁。

人都是不爱不伤心的。伤心这件事，只有一个办法可以去根儿，那就是不爱。

但爱与不爱这件事，我们自己能做主吗？我觉得不能。如果想自己来做主，也需要时间上的配合。一个女人，有老公，有儿子，有家，已经足够圆满了。

人生在世，有时候圆满比幸福重要。甚至我们要说，圆满就是幸福。但幸福并不等于圆满。有些幸福，是因为缺陷之后的对比才存在。还有些幸福，只存在心里，对外，却缺乏一种真正的形式感。

幸福需要形式感吗？大概也需要吧。不然就不会有那么多人愿意去照全家福和婚纱相了。全家福与婚纱相，全是形式感的幸福。真实的人生，大概就只有画中人自己才能晓得了。

若有人愿意爱你，而你也恰巧爱他……

有多少人对姐弟恋是看好的？真奇怪，我居然看好。不仅看好，还说服了好几个单身女友，不妨一试。

我一直认为，一个人懂不懂事，和年龄无关。那么一个男人，是不是足够包容，恐怕也是和年龄无关的。更多时候，反倒是在小男生身上，可以看到像大男人一样的坦荡和付出。而有的大男人，越老越尖酸，越老越刻薄了，尤其面对和他年纪差不多的女人的时候。

东方男人的耐性，大概都留给二十岁左右的小女生了。所以看她们对女人的态度，年龄是特别重要的一个标尺。这也许跟他们不够自信有关，还有的时候，妄想跟年轻女孩子在一起，就能够抓住一些青春的小尾巴。仿佛早起了、晒晒清晨的太阳，自己也年轻了似的。

能够这样想的人，第一他内心是恐惧的，第二他内心一定是暮气沉沉的。那么这样的人，也断不会可爱，女人和他在一起，往往也会非常累心。

“他一直握着我的手，静静握着。他说，我不会像那个人，我更不会嫌弃你有这样的经历，我会结束掉我的上一段感情，再来和你开始。而且你看，我现在已经结束了，你在我面前，不用背负任何，你就是我的心上人，光明正大的女朋友，未来如果你愿意，我还愿意娶你做老婆。我看着这个小我9岁的男人，心想这不过又是一个被爱情冲昏头脑的前兆。”

若有人愿意爱你，你也爱他，恰巧你们都是单身，那么又何必考虑太多呢？其实遇到欲念很容易，遇到爱情不容易。遇到了，又不干扰他人，两个人为什么不互相给对方一次机会呢？

那么而相爱究竟是什么？好的爱情，一定是一次非常成功的能量转换，真的就是两个半圆合并在一起，你看阴阳鱼的图案，其实就是能量在转换，黑中有白，白中有黑。那原本也不是一张静止的图画，那是动的，是在转的，那是转动图，也是能量转换图。

好的爱情也是，你中有我，我中有你，打破一个我，打破一个你，然后重塑在一起，捏出一个你，捏出一个我，这时候你中有我，我中有你。

这样的民间歌谣，其实是形象生动地诠释出，最理想的爱情状态。

好友在她杂志的卷首语上，写下这样两个字：初心。

看到这两个字，又是在这样的春季，让人的心情一下子就宁静下来。我们有多久忘记了问候一下，自己的初心？

想必很多爱情和爱人，也是有初心的。

当初爱的时候，肯定是有着春风化雨一般的感受。不然，又怎么可能淅淅沥沥地开始？网上流传着这样一句话，大意是说“人的一生会遇到两个人，一个惊艳了时光，一个温柔了岁月”。但为什么我在读到它的时候，却总觉得这明明就是一个人的两个阶段嘛，或者说是时间的两个节点。曾经“惊艳了时光”的他或者她，如今却也温柔了你的岁月。其实这才是正解。而不是一个人的心被剖成两半，然后三七分、四六分地割裂开来。

“红玫瑰与白玫瑰”的传说也应该是一个人的两个侧面，朱砂痣和蚊子血，也不过就是对待一个人时，针对不同时期的不同感受。明月光和饭黏子，也不过就是得到之前或者之后的个体感觉。

而所谓“初心”，就是说回到最终那个“明月光”和“朱砂痣”的年代。

回到最初，静静相对，世界安静，时间静止。

没有人能够死去，同时亦没有人能够醒来。

两个人的世界中只有两个人，既足够大，也足够小。

那样静谧而又紧密的幸福，就像两个相拥在爱情子宫中的婴儿，手足相抵，唇齿相依。落英缤纷。

如果一切都停止在那个时刻，世界也还是最初，你我也是。

即使没有爱情……

卑微的爱，照样会有臆想的果。并不是说一个人爱得卑微了，就不做他想了。

不做他想，只是眼下这步还没得到。等到眼下这步得到了，人们自然开始得陇望蜀、处心积虑打算下一步。这是人性使然。就像我们说，老四想争第三，老三想当老二，老二想争第一。而第一呢，想永远把冠军保住。包括那些，对对方说，“我只要爱你，其他无所求”的人，你们也最好不要信。

在爱情中，就没有人是无所求，然后又不要结果的。要么她是在骗自己，要么她是在对你略施小计。

所以有些爱情，算是各种角度的较量和拔河。

有的时候，是力量大的一方把小的收了，也有的时候，是力量小的一方跑成黑马，然后强大的一方惨败。所以做卑微做小，也不过就是一种以退为进的姿态。大的一方很可能就是声势迫人。其实纸老虎一枚。

但是女孩子们如果太过主动的话，也确实不是一件好事儿。这样很容易把男人给宠坏了。试想一下，如果连追女孩儿这件事都让男人坐享其成的话，那我们也就更不要抱怨周遭的男人皆温柔有余、阳刚不足了。

反正爱情这件事，真没法判定结果，有人守株待兔还就真成了，有人画饼充饥还就管用了。

好友说，爱情和婚姻一样，属于撞大运的项目。我觉得也是，一起在这撞大运项目里的，还有健康。有人怎么挥霍身体都没事，有人天天养生，结果半路夭折。所以我们谁都未必是爱情路上的智者。

有些感情，配叫爱吗？不知道。或者你可以拿任何名词去代替，但就是别拿爱情，因为根本不算。

但是爱情又是什么呢？这世上又有多少人真的明白爱情算是什么？

人与人之前，人与物之间，有时候就是会有一种非常不理智的依恋，也有人叫鬼迷心窍，或玩物丧志。

这个春天，比预想的来得还要早。北方的气候一下子就升温到 20℃，以为会出现的春寒料峭，居然爽约了。那种幸福感，也是悄悄的，河悄悄地化，花悄悄地开，人们悄悄地出去踏青，真的是悄悄的，不忍惊醒春天的感觉。和清明前后那种心态还有所不同。清明之后，春天将堂而皇之占据主场，各种美丽，鲜艳欲滴的花，白的梨花，粉的桃花。

最近越来越多考虑一个问题，即使没有爱情，又能怎样？真的是会生不如死吗？爱情曾令我们如此失望，但同时又饱含希望。就像春天。所以如果爱并不单指哪一朵花，而是指整个春天，会不会更具有一种慈悲的力量？

“哭出来”好过“扮大方”

人到中年的女人。孩子读书很争气，老公事业有成，自己也是单位里举足轻重的人物。一切都很圆满，唯一的不好，老公心里有了其他女人，而且这女人还带着一个儿子，万幸的是，这孩子并不是她老公的。可是女人和孩子的吃穿用度，却都是自己老公提供的。

真要离婚吗？一旦离了，也就什么都没了。钱不用太担心，最主要，眼下已然是这个年龄。难道还能再嫁？而那个女人，一直虎视眈眈盯着自己的位置。

人生就是一场拔河比赛，你进我退。感情中也会有很多现实的考量。

壮士断腕是很过瘾，但断腕之后，壮士会不会突然觉得格外沮丧？

人到中年，才发现爱人另有所爱，这当然是一种非人的折磨。

没人真的可以做一份这样的调查。除非有测谎仪那样的仪器，帮那些伤心人测一下伤心的程度，就像发高烧时必须要试表一样，试问伤心也可以试表吗？好让我们知道心究竟伤到了何种程度？然后再来谈下赔偿。只可惜，伤心是没法测试的，一旦能够从表面都看出来了，那内里，早不知道破碎成什么样了。

还有一种伤心，永远不会波及到表面，它只会往内里去，搞得人们还以为什么事都没有发生似的，但结果有一天，伤心者突然倒地，吐血而亡，人们才知道原来其所有的伪装和包裹，不过是一种毒性发作之后的戛然而止。

所谓心不碎，不足矣。这样的滋味，没有伤过心的人，是永远不会明白。说是慢性自杀，也不为过。伤人心者还不用负法律责任，只需要被道德之类的小棒，轻轻地谴责一下。

到底是谁发明的婚姻？然后又发明了爱情？爱情与婚姻，究竟是一个天大的谎言，还是天大的恩赐？经历过这么多事之后，你还相信你的爱情吗？

这几天朋友圈上一直在转一个东西，就是有三毛迷跑到荷西潜水而死的那个岛上，去查荷西的死亡证明，结果查实果然是有这个人的，已婚，年龄显示比三毛整整小了 8 岁，走的时候，才刚 28 岁。人们不禁唏嘘。男人待女人的心胸，还真的是跟年龄无关。难怪三毛对他念念不忘。

“生离”和“死别”，是爱情中的两大关口。

很多经历过背叛的人对我说，我恨他恨到，巴望他最好当即死掉！又有说，他死了我都不会流一滴眼泪！

当婚姻里出现第三者，这个婚姻就一定会充满火药味儿，甭管是明战还是暗战。总之都是两个女人争抢一个男人。男人基本上只需坐享渔翁之利。无论家里家外哪个女人胜了，渔翁都不愁没人要。

人这辈子不易，中年有中年的惑，少年有少年的惑。来到中年阶段才发现所托非人，再重打旗鼓另开张，也是很难的一件事。那么究竟是放手，还是不放手呢?

我身边有不少对方情变，自己麻利跳出来“快刀斩乱麻”的例子。说是想得开也好（这种事怎么可能想得开呢），说是为自尊也好（难道自尊就是小偷抢你东西，你就全盘奉上吗），说是“没谁都能活”也好（既然有这想法，当初就应该单身！何必结婚染这道水呢）……还有的，会说那种广告词一样的虚词儿，什么“最好的成全是放手”！能说出这种话的人，心里不知道都碎了多少遍了，白天还得收拾残身、强装笑脸给人看！何苦来！

遇到“掠夺者”，总有人劝大家对婚姻“说放就放”“重头再来”“假装无所谓”！这真是站着说话不腰疼！果然不是自家的事决定起来最痛快！

既然都这么大方，改天你办一个公司，苦心经营二十年，又赚钱又风生水起，然后我敲门对你说，这公司从今天起就是我的了！你会给吗？你肯定不会。你得想办法保住你白手起家、苦心经营的公司！这才是面对贼和强盗最该有的方式，怎么一到“婚姻自保”上，大家就都“嗤之以鼻”了呢?

遇到这样的事，哭是对的，闹是对的，死活不放手，也是对的。想不开是对的，过不去是对的，半夜失眠偶尔醉酒，都是再正常不过的。一切都要合理宣泄，找到出口，然后才能慢慢疗伤和结痂。而不是不让泪流，不让情绪出来，所有不良和悲愤，都压抑在了心底，然后在女人最容易生病的年龄，生出了那些特别可怕的病。

事到如今，我们是不是、敢不敢真实面对你自己的内心感受呢?

爱人的背叛已经是一道不好恢复的伤，迅速修复、成长以及止损，才是此刻最应该去做的事。离婚反倒并没那么着急。只为这世上误以为离了婚就不痛苦了的痴人，现在都正在反噬着自己呢！背叛你的人，因你轻而易举的决定而得偿所愿，只剩你一个人，在过去的牢笼里挣扎，用别人犯下的错误，惩罚着自己的残生。

也许大家已经听明白了，我没说“不离”，而是说“不急”。这里面的顺序相当重要。给你带来伤的人，有必要陪你一起在从前的婚姻里修复、养伤、带孩子！这是他必须要承担和承受的。当初结婚的时候，说好“风雨共担”，怎么“风雨”刚一来，你就将他，放跑了呢！

很多险滩，绕过来才知道，山这面有多好！

出轨的男人，到底值不值得被原谅？

女人的先生，曾在七年前出轨，那一次，若不是为了孩子，整个家就散了。但是从那以后，女人就害了一身的病。她和老公之间，仿佛也再回不去之前的那种温暖平和的状态。妻子变得越发暴躁，而丈夫也变得越发沉默。唯一让他们骄傲的，就是他们的孩子，只有提到孩子的时候，两个人的嘴角才是上扬的。

也不知从什么时候起，女人害了一种奇怪的病，严重的时候，只能整日卧床，几乎无法见人。中医西医全都说不出切实的病因，其实说到底，还是因为生大气了的缘故。最严重的时候，她甚至连说话所需要的力气都没了。

很多时候，她只能一个人静静流泪，一流就是一整天。想不到自从她生病那天开始，老公也像是变了一个人，开始衣不解带地照顾她，甚至让她想起当初刚生小孩子坐月子的时候，那会儿也是他前前后后忙碌照应着……

在爱人的悉心照料下，妻子神奇康复，人人见到她都称奇，赞她有一个百里挑一的好丈夫。而此时此刻，女人对于老公出轨的怨恨，也彻底得到了化解。

这当然是每个人都愿意看到的结果。夫妻二人虽有波折，但经历过风雨，终于涉水上岸，来到他们生命中的桃花源。有些话说着轻松，其实只有真正受过伤的人才明白，原谅究竟有多难。

当然没受过伤的人，怎么都好办，他们会站着说话不腰疼，他们会随便地事不关己，高风亮节一下。但其实，那些都不顶用，只有某些事情真的摊到自己身上了，人们才能真正做到顿悟。

经常听到有不谙世事的年轻女孩子，给那些在婚姻中受伤的中年女子支招说，既然他背叛你一次，那就会一辈子背叛你，像这样的出轨男绝对不能要。

也有的是一些身经百战的婚姻专家，她自己可能经历过的婚姻就已经数不清了，还有的是自己尚未出过阁的，没准也会这样告诉你说，男人只要出轨一次，后面就会出轨多次，所谓有一就有二。

于是有太多女人，抱着从闺蜜那儿取经的想法，认定了男人只要犯错就是不会悔改的，然后就把婚姻给 Pass 了。而那些这样支招给她们的人，没准儿自己还在婚姻里苟延残喘着。所以到底怎么选才不算是错？男人究竟是该原谅还是不原谅？为了孩子而忍气吞声，这段婚姻究竟是对还是错？

有太多和婚姻相关的问题，其实都是没有答案的。或者说，是不可能一时间就会有一个答案的。

所有的答案，都需要时间。只有到了若干年后，你自己再看一眼身边那个男人的时候，你才能明白，当初你究竟是选对了，还是选错了？

所有的这一切，全要靠你自身的感觉，同时也需要你身边有一位能够布施你清凉智慧而不是糊涂焦躁的明白人。

婚姻的得与失，有时候就像是人生的得与失一样。它的滋味是“置之死地而后生”的，是百感交集的，是不足以对外人道的。

当婚姻出现问题的时候，其实也就是给了两个人一次共同成长的机会，而宽容同样需要时间。

对于正处在伤痛期的人来说，我们唯一能做的，就是期盼他们无论经历了怎样的感情劫难，最终也都能迎来属于他们夫妻的柳暗花明。

话说人的感情，也分主选项、副选项。男人或者女人在婚内情感外移，那只是一种副选项开小差而已。早早晚晚，会回到正轨上来。百分之八十的婚姻都是天作之合。每一对夫妻都要有这样的信心。

后任并不总是比前任好

人很奇怪，为了装裱后一段情感，总是不惜去抹黑上一段情感。

无数次提醒过大家，凡是着力于在你面前尽力抹黑前妻或者前情的人，都值得拉响警报。人是你选的，脚下的路是你走的，你这么抹黑前任，又能说明什么呢？说明你现在大义灭亲？还是说明你当初足够蠢？

要我说，其实什么都说明不了，只能说明在蠢之外，你的人性也值得我们大家推敲和商榷。智商不足情商欠费，都没关系，但如果人性出了问题，这是大事儿。未来谁跟你一起，都注定不会好。因为你只为你自己的自私服务。

只可惜啊，说了也没用，还是有大批人马在听到现任讲到前情的种种不是时，心里面彻底乐开了花。仿佛他说她不好，或者她说他不好，就是在印证你好似的。你真的忘记了，日后换了另一个人来听你们之间的这码子事，他也一定是会把好话全都留给自己。

一个人，出轨就是出轨了，动了动物的激情，或者说念头，然后由下往上，以为脑子或者心也被占据了。于是跑回家，与老婆闹分手，顺便大谈与另一个女人的款款情话。这一切对于那个蒙在鼓里的老婆，无异是晴天霹雳，基本不是被劈傻就是直接被劈垮！

等两个人真的分了，一个家散了，新欢成为女主人，有的男人，反倒泄气了。这时候他才突然发现，自己娶回的人，好像也不是当初他死活要爱的人了。两下里比较，反倒忆起前妻的各种好，原来那才叫爱情。

而且比较这个事，是要都作为妻子的身份去比的，而不是一个情人、一个妻子，那样的话，身为情人的那个，无论你长什么猪头样子，首先从你的身份上，你就占了先机，因为情人，总是会像野花一样，让男人浮想联翩。

《聊斋》中聂小倩的故事，其实是太有教育意义了。招惹书生时幻化出各种诱惑状，轮到夺命吸血的时候，可就二话不说了。

《爱情重伤》，一部相当著名的婚外恋触礁题材的法国电影。而且这次的触礁还不是一般的触礁，而是不伦之恋。公公和未来的儿媳发生的摧毁性事件，最终以儿子的意外坠楼作为结束。

这部电影最意味深长处在于，男主人公最初遇到女主的时候，以为她和所有女人都不同。直到自己多年苦心经营的一切，仿同一架摇摇晃晃的飞机从生活中坠毁……影片最后，时过境迁的男主和女主，居然在机场相逢，当然这相逢仅仅是男主一个人对女主的偶遇。

曾经意气风发的男主，如今像乞丐一样流连在机场，然后他就看到了那个当年让他惊心动魄、不惜向着爱情火海纵身一跳的女人，吃惊地发现原来她竟是这么普通，抱着孩子，跟在一个男人身后，和其他什么别的女人并无不同。

早知今日，何必当初？！

当初那个撞破头都想得到的女子，也不过就是庸俗凡妇一枚。是谁猪油蒙了心，非要认定那不是凡妇而是天女下凡？

有人说，爱情就是一种犯傻和犯贱。要我说，真正的爱情，还必须得从爱情里退出来看，好比打铁也要冷热交替一样。热的时候头脑昏涨，以为什么就认定什么，只有当两个人真正冷下来，凉水一浇，你才会知道什么才是真正能够过你心的。

爱情中，原本就没有后悔药可吃，如若真有，也是对方在喂你解药的时候，自己先吞了致命的毒丸。就好像《聊斋》中的王生一节，书生在外遭遇女鬼画皮，被吞了心脏毙命。妻子欲救夫，结果是忍着恶心吞掉疯癫老道的一口浑黏痰。谁又能想到这浑黏痰正是救活丈夫的一颗红心。

所有原谅丈夫、允许你回头的妻子，不也是聊斋《画皮》中，忍着恶心吞掉脏污的大义女人吗？

因此在恋情或者欲望最为膨胀时，那时候男人或女人说过的话，承诺过的事，都请不要当真。因为他们自己，也不知道究竟在做什么！然后未来，又会为这一段膨胀，付出多少！

年轻女孩子最怕的就是遇人不淑。中年女人又何尝不怕嫁错夫君？辛辛苦苦半生，兢兢业业守着这个家，最终却被其他占巢的雀儿来了个席卷一空。

要说后悔药的话，那些受伤的女人恐怕才更想找一颗后悔药来吃，好让自己穿越回那个还没有认识负心汉的年代。

男人不会爱上恩人

男人只会记着他帮过的女人，却绝不会记住帮过他的。即使碰巧记着，也势必不会爱上。女人会将报恩变成爱情，男人打死都不会（他们反倒比较善于拿同情当爱情）。因此如果一个女人对一个男人有恩，其实挺悲剧的，因为结局基本不会太好。而且男人会拿你对他的恩，去施宠给另外一个他以为更弱的女人。谁知道那会不会是另外一场悲剧，这可能都是后话了。

写完这段话，我自己都感觉到真相这个东西确实半点不讨喜。

“如果他用另外一种口吻送我车和房子，我还真没什么不能接受的。可现在显然不是，人家是来报恩还情的，那种感觉让我觉得，还完了之后，我们之间也就不剩什么了。当时我们虽然已经有了那种男女方面的关系，但其实我们在一起的时候，并不是很轻松。在他没还清我钱的时候，我不敢跟他提别的，因为他这个人，很骄傲，那个时候，你跟他提婚事，他会说，他没这个资格。可是当他还清我钱了，甚至多还了好多，我却发现，我更加开不了口了。这个时候，我觉得好像换成是我没有资格谈似的。”

我们都说我们帮助别人不要回报，其实很少有人是不要回报的，尤其异性之间。

男人要的回报，是女人的崇拜、喜爱，再深一点，连你的人也都想要。

女人要的回报，则是你对她的爱情，你要给她爱，女人这辈子要的就是这个东西——爱，假如你不给她，那她就完全失算了。

这种失算，是生命的失算。

比如张爱玲对胡兰成，我真的不想每次都拿这个文坛女神来类比，她少年时代便已洞透人性，其文学地位和思想地位均无法撼动，我本人也是受其文字影响多年，很少有与我同时代写字的女人能够越过张爱玲这一层。因此我们心里才会有更多更深刻的疼惜。

她对胡的迁就和疼惜，原本就是因为爱，她觉得自己付出的爱，换回的也应该是爱。只可惜，那个男人对于她的爱路过不识，偏却对于她当年为他做的那些事，一直都在口齿噙香，沾沾自喜，因为那是他作为一个男人的胜利，是男人，而非爱人。

“张爱玲”三字，也不过就是繁华并提升了胡的生命以及知名度。

虽然胡的才气，也是自不必说。但是与张爱玲比，就是会有一股矫情的小家子气。怀才不遇的迂腐，也是有的。张爱玲却是斜刺里冲出来的大气和无所谓，毕竟出身名门又成名甚早，童年也是孤单清冷过的，骨子里自然会有一种“万事不求人”的风范。

中国男人是这样，或者说亚洲男人也差不多，都是需要女人来崇拜的。你不崇拜，或者表面上不做出崇拜状，他们就感觉不到满足。即使爱上才女，也大多不是真因为才女的才，而是因为才女的名，可以丰富自己的生命以及情史的类别。哪怕丰富博学如胡兰成，在识别女人的见识上，也还是一个裹了脚的民国男人而已。

如果，这男人不幸再用了你的钱，那就更不会买账了。嘴上说着感恩，心里却是不舒服的，总觉得女人会借着钱的事情，跳到他们的头上来。所以现在的男人，还是不希望女孩子挣钱比他们多，至少面子上是下不来的。

时代看似在进步，其实也没进步。好比过去戏里的故事，秀才进京赶考，帮助他的那个姑娘，总是无缘成为他的新娘。之后高中状元，骑着大马回乡省亲的他们，最后都成了驸马。

所以人们才会经常发出那句感慨，找一个你爱的，还是爱你的？这真是千古之问。女人在爱情中付出越多，往往越拿不回什么，尤其当恋情失去的时候，你所有付出的意义，就真成无奈的慈善了。

下次再有爱情来临，记着一定不要把它经营成慈善，你对爱情无所求，人家可就真的无所谓了。谈恋爱也是应该权利义务共享的，不能只见付出，不见回报。

平时最不喜爱情攻略，但有时候写着写着就写成攻略了，与其叫攻略，不如叫爱情大实话吧，有些实话，我们还是要明白的，然后可以“揣着明白装糊涂”，但绝对不能“揣着糊涂装明白”。这里面的意思，差大了去了。

每个人都愿意活成一朵葵花

男人有个软肋，叫钱。

然后他们还有一个特别忌讳的词，叫作“吃软饭”。

那么即使女友或者女友的家人，真的资助了他们什么，也最好低调地、悄无声息地去做。更不要日后拿来作为说辞和炫耀，不然早早晚晚，你们对他的恩德，也会因你们的吹嘘和提示，而让他心生反感和厌恶。

这时候不要说恩了，能不作仇就不错了。

“我们在一起三年了，我想不明白她到底是触动了哪根神经，为什么非要对我逼婚不可？她说，记得你以前也说过，说你就快发达了，让我等，可是我等到什么结果了？还不是要在我爸妈给我们准备的房子里结婚？我当时就急了，告诉她说，我就知道你未来会这么说，所以我说什么都不会接受你爸妈的施舍。一说到她爸妈，我们俩就谈崩了，她摔门而去，我也气不打一处来。”

一方面，女孩子希望尽快嫁出去。另外一方面，男孩子的各方面条件都还不成熟，达不到结婚的要求。于是女方家里情愿资助一些，但男人不买账。

男人会说，你爱我，就可以等。哪怕一间租来的房子。我不是不能赚钱养家娶你，而是时机未到。

不仅男人对来自女方家里的资助不买账，男人的家里更不买账。人家父母会说，你们活该愿意，还是我儿子有本事，是你闺女死活要嫁我儿子的。

所以你看，女方家过于上赶着或者通情达理，有时候也未必会有好结局的。当然女方家做出一派卖女儿的姿态，也不好。

那么女方家怎样为好呢？我觉得还是应该少掺和，让小两口自己去奋斗。闺女愿意跟着他受罪，那就由她去。好姑娘也一定不会让娘家给自己贴补太多，毕竟日子是你们的，不能给老人过多压力。

因此那些啃老族应该被教育，而那些啃老族的家长们，说起来，也是有点糊涂。“啃”和“被啃”，多少属于愿打愿挨，明智的家长，是不会让孩子“啃”的。因为“啃”不是长大，只会啃老的人，在现代社会中，是毫无竞争力的。所以那不是“啃”，是害。

有个特别切身的感受，70后基本都不老，这种不老，是说他们好像普遍都有一颗长不大的童心。这其中当然也包括部分60后。其原因可能是他们的年轻时光，总能伴着情怀一起长大。

然后争议颇多的90后、00后们，看似没有长大，但其实童年期最短，因为他们往往最为成人化和现实。

比如前阵子参加一个女生夏令营，在提到“学习成绩对于未来的影响”这一话题时，一个仅有10岁的小姑娘和我交流说：“我觉得学习成绩对于未来的影响一点都不大，一个人是不是成功最主要还是要看他的人际关系。我就认识一个哥哥，中学辍学了，但就是因为人家关系走得好，所以找到了一个月薪一万的工作。”

这就是一个十岁的小姑娘对于当代社会的认知，以及对于成功的认知和前途的认知。让在场的大人们，格外汗颜和无话可说。

这样的答案，当然不是我们需要的，可又是现实的一部分。我们如何才能改变这样的怪状？谁来推动？

社会确实有很现实的部分，但这些现实部分，不该过早就被一个十岁的孩子看在眼里、记在心上。

我们说童年期本该是一个人最美好、最梦幻的珍藏。但假如一个人在童年期就接受了这么多现实中的无奈，那么接下来，你又如何让他去相信那些看似虚无缥缈的词汇，比如爱，比如真诚，比如信任，比如美好，比如付出。

一个民族过于梦幻不好，但一个民族若是过于现实，恐怕这份 GDP 增长的背后，藏着的是太多人被权力和金钱追赶的无奈。

某日去看《夏洛特烦恼》，身后一对情侣，叽叽喳喳全场，对影片各种神评论。尤为让人惊诧的是，他们居然对于整个片子，半点都没看懂。所有的评论出来，你会感觉他们看的，其实是另外一部片子。然后他们自己还有他们自己特别完整的体系，那一刻，你真想替电影的编导哭出声。

到底是什么铸就了这样奇特的只会追星和花钱的一些人？

每个人都愿意活成一朵葵花，比如《夏洛特烦恼》里的大春。整日举着葵花向着太阳，爱着自己心爱的女人，做着世上最简单的工作，就仿佛拥有了全世界。

这样的人真的傻吗？我想每个人，都会有自己的答案。

所以很多时候，昂贵不是奢侈品，自立才是，开心才是，快乐才是。然后，不糊涂，也应该算是。

男人为什么会贪恋花丛

有时候，我不禁会想：是不是男人真的喜欢生活在花丛中？

每次引发这样的感慨，都会第一个想起贾宝玉。普天之下，若论花丛之中男闺蜜的角色，当真非宝玉莫属。

一般喜欢在女人堆里显英雄的男人，基本在男人堆里都不是很受欢迎。

也确实有男人很欣赏自己这一点，因此乐此不疲。女人们对于“男闺蜜”的存在，也是抱着无所谓的态度，在女人看来，有些男人天生是属于中性的，不似有些男人那般粗鲁，懂得尊重女人，然后有力气活的时候，又可以还回男人身把他们直接当男人用，比如接站搬家修车之类，力气活儿干完了，搞笑一番，连半点心力和气力都不费，等遇到烦心事了，这些男闺蜜还可以从男人的角度去为你剖析一番，当真是“免费的午餐的赶脚”。

然而，却没有人想象到那些男闺蜜家属的感受，也就是说，如果你是男闺蜜的家属，你的男人成天在花丛中忙，提供免费劳动和劳务，然后还要不时供女人们玩笑，即便不越雷池半步，却也不知道你又会作何感慨呢？

比如有这样一个男人，每天都特别忙，热衷摄影，还买了很多器材，那些年孩子说买个电脑，他都不肯，再后来是为了往电脑里倒照片，他才把电脑买了，之后觉得一台电脑不够用，又给自己买了一台。

妻子算是比较支持他的，当时只认为他玩心大，完全没想到他做这些准备，完全是为了给别的女人充当免费摄影师。他的电脑妻子从来不看，但前些日子妻子无意中打开看了下，才发现，他竟然在电脑里给每一个女人都建了一个文档，里面都是他给拍的照片，当然都是那种特别正常的照片，但是那也不行啊，妻子跟孩子都没见他给拍照片，建文档啥的，这叫什么事啊。

做老婆的当然很生气了。合着丈夫买了这么多器材，一次都没给自己和孩子照过？去找男人理论，男人倒先烦了。完全没了服务外面那些女人时的笑脸。更可笑的是，那些女人还都是有老公的。你们怎么不劳烦你们自己老公给你们照相呢？男人一怒之下离家出走，女人一怒之下，把他电脑里所有女人的照片全都给删了！

这件事如何善后，我们并不知道，我只知道后来男人生病了，高烧不退，是女人衣不解带照顾了他三天三夜，而不是外面什么拜托他给照相的女人。人家只是免费用你而已，人家要照顾，也只照顾人家自己的老公。

男人有时候要是蠢起来，八匹马都拉不回。

信任这个事情也很奇怪。你说要是不信任吧？婚姻就不幸福。但若是信任过多，又确实容易信马由缰，等到发现就晚了。所以有些规矩，该立就得立！没有规矩，何谈尊重？

很多婚姻中的痛苦，皆因边界不清所致。只有边界搞清晰，有些事情，才能免去拉扯辩解之苦。

男人恋着花丛，女人恋着森林，这不过都是一种借口。

有些福利，原本就应该是只提供给你自己的爱人享用的，而不是共享部分。

若一个男人真想帮尽天下女人，那就干脆不要结婚好了，你到处怜香惜玉，让你的女人情何以堪？她可是把一切都付与你了，你却跑到外面去替别人做嫁衣裳。

那些你甘心情愿鞍前马后的女人们，人家可都是有男人有家的，人家把人家的一腔热血都抛洒给了自己的男人和自己的家，然后省下自己的老公不用，弄出一些麻烦事来都丢给你。你来告诉我你这是一个什么样的角色吧？！

在这个世界上，每个人，都该只看着自己碗里的那份菜。

爱情不能缺少三观

总有一些人不懂事，说什么两个对的人，没有在对的时间遇到。对不起，如果遇到的时间不对，就算人再对，那也还是不对。不对就是不对，如果对，就应该让你们早些遇到。这就是命运，也是缘分，更是对所有婚内爱情的保护，而非破坏。

既然上天成就了他和另外一个女人的缘分，那么晚来的你，就应该选择放弃。我们必须要安于这种顺序上的安排，爱情必须讲究一个先来后到。其实这个世界上的任何事，都是要讲究一个先来后到的。所以为什么爱情要特殊呢？我们买票还要排队呢对不对？你总会等来那个真正属于你的、对的人，而不是把别人的男人，抢来据为己有，然后无耻地说，我和他之间，才是真爱。

有这样一个单身女，33岁，未婚，有事业，擅厨艺，身边不乏各类追求者，对家庭生活各种迷恋，因此也格外喜欢那些家居馆里的坛坛罐罐，每次去逛，总是想办法拖了很多回来。这可能也让一部分人看到了可乘之机，以为可以把类似渴望结婚的单身女子，发展成为情人之类。

只可惜，这姑娘从来不给这部分有家室然后还惦记着外面女人的无德男人机会，她说，只要有男人告诉她有家，她都会十分注意和这个男人交往的分寸，如果有谁提出要为她离婚，那她一定会掉头走掉，再也不会出现在这个人面前。

这也许是未婚女们最该有的，对自己和他人的尊重与素质。然而在现下情感游戏满天飞的情景下，能够有这样念头的未婚女子，究竟占有一个怎样的比重？真的不敢想。虽然短暂看，确实有人因为侵入别人家庭而获得了暂时的幸福；但长远说，那种幸福，就像偷来的钻戒，是不配得到任何祝福的。

其实，她也有自己偷偷喜欢的人，喜欢到半夜想起来心都会痛。但是由于不能爱，然后也不怎么接触，此刻的这个人，也已经在她心里，由一簇大大的火焰，变成了一只又小又远又温暖的萤火虫。甚至可以说，那种情绪，其实已经不是爱了，只是一个比较温暖的故人罢了。

“我情愿在暗地里，像一个陌生人那样爱着他，在心里，就像一个星球对着另外一颗星球。虽然我以为，他也是有感觉的，但是他同样不会越雷池一步。也从没有对我表达过。越是这样，我越会觉得这个男人好。我们一年都不会见上一面，除非有行业内的某种聚会。其实爱情对我来说，有点像是佛教里说的“拈花微笑”，你懂，我懂，一个眼神，就足够了。他是一个已婚男，他不是我的。这是扎在我心里最深的几个字。”

有时候，我们以为自己爱一个人爱到不行，必须得到，但其实经过时间的淘炼，你便会发现，有谁是离开谁不行的呢？除非他是你命定的婚姻中的爱人，不然，一切都是一种自我的暗示罢了。

前阵子，一个年仅18岁的小姑娘也是这样对我说的，她说，别看我年纪小，但我的三观非常正，有些事是这辈子都不能去做的，外人推都推不动。然后又补充道：三观正这件事其实是跟年龄无关的，有的人很大了，也依旧不懂事。这话说得，也是会让不少大人面红耳赤了。

日剧《昼颜》网上热播的时候，人们为其中所呈现的主妇出轨话题，而展开热烈讨论。婚姻究竟是什么？我以为婚姻不是不可以修正或者结束。但这种修正和结束，绝不应该是由一个外人来做导火索。

说到底夫妻间的事，本来就只与你们夫妻二人相关。成则聚，不成则散，你看在没有牵扯第三个进来的情况下，会不会有人多加阻挠？当然不会。但是假如有第三个异性跑出来做药引子，对不起这个事情就真的变复杂了。被出轨的憋屈，出轨的一方，也是这辈子都说不清了。而导致人家出轨的，也许会背负一些不好洗刷的罪名。

人生不妨淡然

女人已经要不了孩子了，过了年龄了。这是她这辈子最大的遗憾。虽然有深爱自己的老公，但是这也弥补不了不能生孩子的巨大伤痛。虽然老公什么都不说，还经常安慰她，其实我有你就够了，你不要每天都想这么多。

为了逃避生孩子的话题，女人甚至多年不出席家庭聚会。直到前阵子婆婆过世，她觉得自己内心的罪孽，才最终得到一点减轻。万幸先生并不是独子，所以这传宗接代的事情，大概也只能影响到他们这一个分支。但是无论如何，对于一个不能生育的女人而言，她的日子都不算过得踏实的。

“我这些年为了要一个孩子而苦斗，那种感觉就是一个任性的却又被命运遗弃的孩子。而他又何尝不是？他每天看着我的脸色，揣摩我的想法，我只要眉头一皱，就会赶紧躲出去。他又何尝不是一个委屈的被命运摆布的孩子？那一瞬间，我发誓我要用我的生命对他好，这些年，我光是纠结于一个孩子的存在，可能是真的愧对他了，他其实是最应该对我有抱怨的，但却偏偏没有。其实我们两个才应该是生活的主题，孩子，只能是一种期待中的缘分。”

她说她就没真正体会过幸福，虽然老公对她非常好，再怎样对他，他都不会怪罪，但她自己过不去这道关。这之后，他们两口子到国外转了几个月，回来之后，他们开始认真面对将来两个人会没有孩子、相依为命到老的事实，也曾动过心思是不是抱养一个小孩，后来虽然作罢，但现在也都不再挣扎，不过各安其命罢了。

说到遗憾，又有谁是没有的?

两个人在一起，想要幸福，基本是要各种因素俱全。一旦差了哪样儿，就会感觉到某种巨大的缺失，哪怕其他方面齐备，可以进行一番弥补，好像也无济于事，就好比你参加考试，语文考得再高，数学却只有几分，也还是得进行补考。

好在现在的考试都是要看总分的。我觉得人生也是，大家看的比拼的其实也都是总分，短处与短板基本是只有自己知道的事，所以也没必要太过较真儿单科分数上的不理想。

说到底，想不开这件事，还是因为把人生想得过于长远了。

其实人生真没那么长，就像一转眼，这一年就过去了，想象一下，即将过去的这一年你到底都做过什么？很多人都是茫然的。不过是上班挣钱吃饭，能想起的也就这些。甚至你问他昨天的中饭吃的是什么，有些人都是说不出的。

有人说，阿莱要不我把婚离了吧？还有人说，要不我把婚结了吧?

其实我倒觉得，一旦想明白了，无论结婚离婚，也就都不重要了。因为怎么选，你都有法能够应对。反之，若是想不明白，那么无论有多好的人，多好的结果摆在那里，你也能把这日子给过砸了。

每个人都要面对这样一种“先是执着不放，最终淡然看开”的过程。

也许，身为一对夫妻，能够在今生的相伴中，彼此做彼此的孩子，彼此照顾着彼此，这恐怕是做夫妻的最高缘分了。

看开这件事，更是做不得假。

真看开，假看开，就像是真药假药一样，时间一长，就全都分明了。

真看开延年益寿，假看开空谈营养。

每个人都正在“看开”或者“不看开”的路上，内心有风景，沿途一定美。

要主动去追求自己的幸福

“我最爱看的一部电影，就是梁家辉和一个法国女孩主演的杜拉斯的《情人》。那种越南的场景，那种百叶窗，那种屋子里一明一灭的灯光，像极了我每次见到他时的心情。他留着胡子，从年轻时就这样了。那时他刚离婚，说要蓄须明志，直到找到爱情。

“他每次这样告诉我，我都有些黯然，因为我就坐在他的对面，在心里面喜欢着他。而他却视而不见。还有的时候，他会拿我当个哥们儿一样，讲述一些他和其他女人的故事，我心里就开始闪动电影里那种灯光。当他说她们不好，我心里就亮了；当他说她们好，我心里又暗了。

“他从来都没有发现过我的真实想法，可能也不是很在意吧？他总是沉浸在自己的诉说里，我就像是一个最好的倾听者。这也是他给我的定义，他说，你这么好！将来谁要是娶到你，该是多幸福？！

“每次听到这样的话，我都想对着他怒喊，为什么你没有资格，做那个幸福的男人？”

这是一个暗恋中的女人。说是女人，是因为她已不再年轻。可是她还在等。

你和她一样有过暗恋的经历吗？暗恋总是又迷人，又折磨人。急性子的人，会把暗恋变成明恋，干脆挑明说出来，才不憋着难受。行就行，不行就算。

但也有人，是非常沉醉于暗恋的。他或者她，就是喜欢在暗处，悄悄喜欢一个人而不觉。不是自己不觉，而是让他不觉。那种欲言又止的感受，有个人和你共享一方天空你都会觉得幸福至极的滋味，甚至比真正的恋爱，都更让人神往……

当这个人不在了，偶然出差，或者出国，你就像花儿一样枯萎了；整个城市里，再也没有他的气息，你觉得一切都开始变得索然无味，每天只想赖在床上睡觉，然后数日子，等他回。

这种奇特的内心感受，经年累月，不断碾压。他的一举一动，都直接导致了你或者欢喜，或者哀愁。

“昨天晚上，我又梦到他了”，女人说，“梦到在梦境里，我们来到了土耳其一个叫作棉花堡的地方，到处都是白花花的岩石，后来我梦醒之后上网一查，土耳其还真的是有这样一处地方，简直和我梦中见到的一模一样。在梦里，我梦到我跟他一前一后地走，再后来来了一个军队，人们纷纷四处逃窜，这时候他就背起了我，到处跑……然后梦就醒了。那种俯在他背上颠簸的感觉，特别真切，我甚至能够感觉到他后背上的温度和气味。一个人喜欢另外一个人时间久了，是会出现某种幻觉的”……

恋爱这件事，一个巴掌拍不响。还是要把“暗恋”变为“明恋”才能让你的爱情更有前途。

韩剧里惯常会出现一些心机女。特别擅长欲言又止、欲擒故纵，然后不声不响就把男人套牢在手心。但这不过是戏，不可随意模仿，生活中其实是谁下手快谁就能占先机，而不是比谁沉得住气，放的线长。即使当年的邓文迪，也是在第一时间就让默多克从人群中识别出了自己。

针对有效恋爱，“明言”就是比“沉默”重要。

朋友圈历来爱转一种文章，大致说女人无论多喜欢那个男人，也请不要展开追求，爱情的王道必要遵循“男追女”，“女追男”的话，一定没有好果子吃。果真如此吗？其实“女追男”也要看是怎样一种“女追男”——女人主动接近并制造机会，最终让男人说出最为关键的那句话，其实这在男人看来，就是“男追女”。

聪明女人都是非常善于制造机会的。她们大多都会不声不响把主动权放在自己手里。为的就是缩短煎熬时间，尽早获知你们的爱情真相。避免过久等待、拖拉，最终还可能延误了与其他人的爱情时机。反正是早知道答案早好，早好早了。当然也有人不想从那种暧昧的梦里醒来，总觉得只要是不醒，就还有继续的可能。

所以每个人的选择，其实还都是性格做出的决定。总是你的性格，替你决定了所有。然后这种决定，又会直接导致出你接下来的际遇。讲真，暗恋的前途真的在于打死都不挑明吗？

还记得《老友记》中，钱德勒和莫妮卡相互约定，如果到了四十岁两个人还没有各自婚配，那么他俩就在一起。现实之中，你敢不敢借用这个情节，与你暗恋中的那个人，开玩笑一般做出这样一个约定？

先不要这么紧张，要放轻松，大家都是单身未婚男女，即使是朋友之间，只要不相互反感，是可以说一些轻松的玩笑的。最主要，通过这样的玩笑，可能会更加明确自己以及对方的心意。人都是有潜意识的，必须要明白行与不行，人家究竟有没有这个打算，再来确定自己的下一步。

往往最可怕的，并不是“万一对方不喜欢我”！而是“万一对方并不喜欢我，可我自己却蒙在鼓里，然后还做了一辈子的白日梦”！！！这个人不喜欢我，还会有另外的人喜欢我，凭什么在一棵树上吊死呢？

爱要怎样说出来，这对于很多年轻人来说，都是一个太大的难题。尤其女孩子。但其实，爱是会有蛛丝马迹的，无论你爱对方，还是对方爱你。讲真，男人既没有女孩子们以为的那样笨，也没有女人们以为的那样聪明。在情感中，真正聪明的，历来都是女人。所以，你必须要明白一些，将自己放进他心里的技巧。

日剧里总是会有一些助攻的角色，所谓“助攻”，就是当男女主人公死活在那里磨叽的时候，也许是一个恶作剧的朋友，也许是一个大大咧咧的女二，还可能就是一阵风或者一场雨，然后就将一段姻缘促成了。

那么你自己，是否有能力成为自己爱情的助攻呢？

如果爱 请干净地爱

爱是一个人的事情，而爱情是两个人的事情。所以，我爱你，与你无关。

最持久的爱情是永远得不到回报的爱情。

——毛姆《作家笔记》

作为坠入情网的人来说，男人同女人的区别是：女人能够整天整夜谈恋爱，而男人却只能有时有晌儿地干这种事。

——毛姆《月亮和六便士》

爱情不是必需，少了它心中也荒凉。

——三毛《亲爱的三毛》

爱情，莫非像影子一样，有人踩中了，就带着离去？还是因为爱情跟影子一样怕光，又或者，情况正好相反，没有了光，爱情的影子就被拭去，最终黯然离去？

——马克·李维《偷影子的人》

情不重不生娑婆，爱不深不堕轮回。

——星云大师《宽心》

婚姻是一座围城，城外的人想进去，城里的人想出来。

——钱锺书《围城》

如果爱，请干净地爱，把爱情献给爱情。

——但丁《神曲》

我不相信人一生只能爱一次，也不相信人一生必须爱很多次，次数不说明问题。爱情的容量就是一个人心灵的容量：你是深谷，一次爱情就像一道江河，许多次爱情就像许多次浪花；你是浅滩，一次爱情就只是一条细流，许多次爱情也只是许多泡沫。

——周国平《爱的五重奏》

曾经相信过爱情，后来知道，原来爱情必须转化为亲情才可能持久，但是转化为亲情的爱情，犹如化入杯水中的冰块——它还是冰块吗?

——龙应台《相信不相信》

安全感、和谐和幸福，这些东西一旦相加，或许看似爱情，也几乎等于爱情。但它们终究不是爱情。

——马尔克斯《霍乱时期的爱情》

心灵的爱情在腰部以上，肉体的爱情在腰部往下。

——马尔克斯《霍乱时期的爱情》

我听见爱情，我相信爱情。
爱情是一潭挣扎的蓝藻，
如同一阵凄微的风，
穿过我失血的静脉，
驻守岁月的信念。

——泰戈尔《飞鸟集》

你不是爱情的终点，只是爱情的原动力。我将这爱情献给路旁的花朵，献给玻璃酒杯里摇晃着的晶亮阳光，献给教堂的红色圆顶。因为你，我爱上了这个世界。

——赫尔曼·黑塞《堤契诺之歌》

不管你对多少异性失望，你都没有理由对爱情失望。因为爱情本身就是希望，永远是生命的一种希望。爱情是你自己的品质，是你自己的心魂，是你自己的处境，与别人无关。爱情不是一个名词，而是一个动词，永远的动词，无穷动。

——史铁生《务虚笔记》

宇宙之书

爱情这东西，既不决定于你或者对方的自身条件，也并不取决于双方天性匹配，爱情的关键在于时间，在于时机，你何时靠近她的身边，何时走进她的心里，何时满足对方对于爱情的需要，太早或者太晚了都不行。说到底，爱情，就是轮盘赌。

——菲茨杰拉德《了不起的盖茨比》

女人一辈子讲的是男人，念的是男人，怨的是男人，永远永远。

——张爱玲《红玫瑰与白玫瑰》

同行最不宜结婚，因为彼此是行家，谁也哄不倒谁，丈夫不会莫测高深地崇拜太太，太太也不会盲目地崇拜丈夫，婚姻的基础就不牢固。

——钱锺书《围城》

爱是恒久忍耐，又有恩慈；爱是不嫉妒，爱是不自夸，不张狂，不作害羞的事，不求自己的益处，不轻易发怒，不计算人的恶，不喜欢不义，只喜欢真理；凡事包容，凡事相信，凡事盼望，凡事忍耐；爱是永不止息。

——《新约 · 哥林多前书》第 13 章

我不再爱她，这是确定的，但也许我爱她。爱情太短，而遗忘太长。

——聂鲁达《二十首情诗与绝望的歌》

女神也是凡人

爱上这件事，说难也不难，说简单也不简单，但凡经历过暗恋或单恋的人，都该明白那种欲罢不能的痛苦滋味，且这种痛苦却又隐含着某种未知的甜蜜。倘若心上人偶然对自己抛出一个微笑，瞬间就能“神魂颠倒、不能自已……”

因此像这样的独角戏爱情，一定有其魔力在。或者说，它好像是特意为了某一类人而准备的，但却并不适宜所有人。大部分人在爱情中还是需要两相呼应的，一旦缺了呼应，这一边就会觉得索然无味，然后就是再好的幻相，也都难以抵挡现实了。

至于那些甘愿沉没于暗恋或单恋的人，又都属理想型，他们可能不多言，怕拒绝，心事和马脚都能藏得很深，靠着某种精神上的依恋就能过一辈子。说他们不是俗人，也不为过。真正的现实主义者，必要眼见着相爱的对象，手握着手、心贴着心、意连着意……才能允诺地久天长。

所以当一个人心里有了一位，这时候你再给他推销另一位的时候，其实对那另一位，是极不公平的，尽管他和他心里那一位，八字儿都还没一撇呢，但这就更难断瘾了。

一般八字儿还没一撇的时候，瘾最大，真正相处到神魂交叠，反倒有可能要往下走了。人都是这样的，有了高点，就会掉到低点，掉到低点，又开始攀爬高点。简直就是股票上身的感觉。

说着爱情，突然就转到股票了，其实不是说股票，而是爱情的走势以及做人的走势。

做人做股票都要看走势，一个人都拒绝你成那样了，突然回转的可能性有没有？也不是没有，但假如对方真的回转了，也肯定是因为在别处遭受了重挫，跌至了谷底。一个人在摔成碎片时才会想起你来，像这样的临时幸福，你真觉得拿在手里是安稳的吗？

有句话，我从前说过，现在不妨再拿出来说——有些人，如果不是在别人那里触够了霉头，断不会回头再来找你疗伤。那种疗伤，说到底还是有些心不甘的，就像很多人只有遇到倒霉状况的时候，才会想起来求神拜佛、回家上坟一样。平时早干什么去了呢？并不是说求神拜佛、回家上坟有什么功效，而是有些事情，如果早放在心里，自然是放在心里的，哪需要一些外界事件的刺激？

有些话总是话糙理不糙，主要听个意思。

“现在的女孩子，都很缺乏矜持，我喜欢话少的或眼睛会说话的女人，比如她。她曾经考过演员，进了复试，但最后还是给刷下来了。你懂吗？我是用这个来告诉你她有多漂亮，不然怎么可能去考演员呢。所以她在我们单位，是很多人都够不上的云朵，别的女孩儿在她面前就像尘埃一样。真的没法比。

后来她也有了男朋友，开着豪车接送她上下班，有人说她俗，有人说她好命。那段日子，我心如死灰，整个人都垮掉了。”

对于暗恋，我一向不支持。爱情最怕耽搁，影视剧里那种一暗恋就是一辈子，都是编剧为了收视率做的伏笔，我们身为现实里的人，千万不要让自己活成影视剧里的人物。男人爱慕着女神，后来发现高不可及的女神，也照样食人间烟火，不免黯然神伤，这其实不能怪女神，而是要怪我们自己。

谁让你不相干地就把对方捧至女神的地位呢？大家都是人，样貌上的凡夫俗子，没准骨子是仙风道骨。反之样貌上仙风道骨，骨子里没准比谁都柴米油盐。

爱这件事，既不能估计过高，也不能视角太低。

有时女人比男人冷酷

再次把千古难题提上日程，找一个你爱的，还是爱你的？

哇，这句话打出来，我仿佛看到各种回复。

虽答案只有两个，但缘由却各有万千。

每个人都想秉持自己的心意而活，若不能秉持心意的话，就会失落、委屈、不值。即使人生已经给了他不错的回报，他也会认为那回报不是给他的，又或者说，那回报根本不是他想要的。

因此，有太多人做出让正常人完全不能理解的大跌眼镜的决定！但那决定，对于当事人而言，没准是盼了很久的“福音”。

所以到底是娶我爱的，还是妈妈喜欢，同时又很中意我的？

估计这样的问题一出来，就会有百分之八十的人偏向前者了。当然是要选自己爱的，毕竟后面是一辈子，不然如何挨一生？

但是选了自己爱的，却又不知道人家是否也同样爱着你？想必是即使爱也没那么深爱。不然为什么直到今天，这道题的答案都还在悬疑中。

男人迷恋女人，就是想要占为己有。心占据不了，身体先给我也成。可是现在的女人也都绝了，即使整个人都给了你，心也是她自己的。这时候你会更恼火，怎么你连孩子都给我生了，心里却还对我百般不满意，甚至连半点爱意都没有呢？

刚才接到一个情感咨询，说的也是类似的故事：女人大着肚子怀着孕，居然跟男人提分手，因为越发觉得自己是不爱他的，所以不想因为肚子里的孩子，就误了两个人的一生。这大概是所有男人都不能够忍的，看客都要急了，早干什么去了！

女人有时候比男人残酷，也比男人冷静，这是真的；也有人说，女人这辈子如果打定主意不让男人知道自己的小孩究竟是不是这个男人的，那男人也许就真的会一辈子蒙在鼓里，除非有特定事件的发生！比如像电视剧一样车祸需要输血之类的事情。这是身为女人的奇怪特权，当然也是男人人生中最非人的残酷了。

最主要，这样的事确实被我在采访中遇到过，可怜又无辜的男人，直到孩子 18 岁读大学，才知道那根本不是自己的儿子。而男人这个时候，也早过了能养育自己孩子的年龄。

我至今记得那个无辜男人死过一样的眼神。女人把自己的爱全部奉献给了当初抛弃他们母子，如今又回过头来找她的初恋，然后却让对她恩同再造的丈夫活在了地狱一般的耻辱和痛苦里。

这是我听过最残酷、最让人于心不忍的故事。男人非常善良，居然在这样的情况下，还担负了“儿子”读书的全部费用。男人说，没办法，其实在感情上，他就是我的儿子。欺骗我的是他妈妈，与孩子无关。

真是让人落泪的回答。

没有谁永远是情场上的常胜将军。一个悲剧，定会导致另外的悲剧。

总有男人喜欢骗女人，并不打算娶，却还要嘴上给希望。又总有女人愿意信，信完又受伤。周而复始，循环往复。最终没有任何人，配在这段感情中充当赢家。

选择“我爱的”还是“爱我的”？答案其实最简单，都要，必须是“我爱”，同时也“爱我”的。这才是最正确选择。只有这样，我们在未来日子里，才能无论困苦，常伴常新，甘之如饴。

结婚还是继续单身

者必要，每个人都应该有权选择要是不要、放弃
水，冷暖自知。子非鱼，安知鱼之乐？婚姻确实
是不领情，这难道不是人家的自由？
竟是不是一宗罪过？当然不是。但是大多时候，
不想被世俗所扰，几乎就成了一个梦。身边总是
督促并催促你去相亲，仿佛你现在一个人生活，
就是一种让人无法饶恕的事情。身边各路朋友、哪怕是新认识的，只要一听说你是单身，立马就会帮你打算起来。虽然那些打量和算计都是出于好意，甚至出于爱，但是爱情或者感情，岂是可以捆绑就成的？

一个人究竟想不想娶想不想嫁？说到底，都是这个人可以自己做主的部分，大约真的不需要外人来操心。可是这一点，热心肠的外人们，或许永远都不会明白。

在我身边，就不乏这样的“情愿单身者”。

人家现在没什么不好，但就是不想结婚。可能这不想结婚，还是因为现

状太好的缘故。婚姻能给他的，他自己全部都能搞定，所以一时间不想步入婚姻殿堂，也是可以理解的。

我其实是不折不扣的婚姻主义者，但我依然对选择不婚的人，保有理解，并愿意给他们一方不婚的空间。当然我是个外人，别人结婚不结婚，于我也无关痛痒。只是不知道事关自己家人或者亲人的时候，我是不是还能保持这样的清醒和中立。

换言之，人们都容易在他人的事上，扮演智者。然而却要在自己的事上，扮演“皇帝不急太监急”里那个“受累不讨好”的太监。

恋爱这个事，当真是不用教，也不用去学的，遇到喜欢的人，很多东西，都会无师自通。当然也有笨的，那就需要引导下，但爱的本能，是人人皆有的。他不需要只是那个人没有出现，出现了自然会爱，然后结婚生子，心动异常。

每个人当然可以自主的生活，但前提是，如果不幸福，苦果也必须自己尝。

不可否认，我们一直生活在一个充满关注的世界中。

这种关注，不仅包括别人关注咱，也包括咱去关注别人。在相互关注与比较之中，在晾晒与攀比之中，度过余生，这其实是多么无趣的安排。真正美好的生活，必定无关他人，只该关注自身。

当然这种关注自身不仅不是自私，甚至是一种无私，因为自身需要爱，于是就去无私地爱；因为自身想要付出，于是就去付出，而不是为了心心念念做给别人看、活给别人看。当每个人都有自己一方妙不可言的乐园，还会有人愿意趴着窗户或者朋友圈，去看别人的生活吗?

爱情骚扰事件

有些感情的发生，真的无解。任谁看都会觉得奇怪，究竟为什么会在这样两个人之间发生？没有答案，只有当事人自己继续执迷不悟地前行。

如若这种前行能够贯穿一生，那人们就会说，老天，我遇到了真爱。但如果中途戛然而止，或梦醒时分蓦然回首，没准就连当事人自己都会觉得怪异，难道我当初真的是猪油蒙了心，怎么会看上这种货色？

所以一切以当时当景来论的感受，都没法真当爱情来论。

因为你的感官往往更容易欺骗你自己。爱情肯定是要跳过时间这一道龙门，才算是爱情，但有多少爱情，能够跳跃出时间呢？也有，但真不多。

寻常夫妻，即便打打闹闹，一旦过了一定的年限，那也一定是爱情。

虽然影视作品喜欢描述瞬间燃烧的浪漫邂逅，但那种邂逅情感和长久的一生相比，实在轻得不值一提。

有这样一个姑娘，相亲相处一见钟情，然后就彻底爱上那个男人，也不管那男人爱不爱她，她就一厢情愿地把整颗心都交出去了。

这之后男人其实是各种推辞，可是她不管，没事儿就去男人家，甚至觉得他的家人，比自己的家人还要亲。

转眼几年过去，虽然那男人尚未娶亲，可也从未把她放在心上。她现在依然在做梦呢，长醉不醒。

女孩儿想得简单，一直以为，爱上一个人，原本就是自己的事，与任何人无关，却不知道她的所为，其实已经给两边的家庭都带来了伤害。首先她父母，当然不愿意她这样一意孤行下去，女儿的终身，都耽误在这次不该有的相亲上了。

再然后是对方，也是尴尬无比。由于女孩每到年节都会提着东西去对方家里探望，那男人为了躲避女孩，居然有好几个年头都不敢回家过节了。所以人家父母，其实也是有些抱怨的，甚至动过彻底搬家躲开女孩的念头。

男人也郑重其事请女孩吃过几次饭，想把这件事彻底挑明，不行就是不行。可是每次话到嘴边，又犹豫了，毕竟对方是女孩子，怎么说才能不伤到她，也足够让人伤脑筋。

有两次，男孩遇到了心爱的人，差点就结婚了。结果呢，每次都是临到办喜事的时候，鸡飞蛋打。就像天注定的周折似的，男孩不结婚，女孩儿就盼着。这件事，无意中成了一个死循环，没人能解。

女孩子的心意，由于时间过久，所以在周围人那里，早已传开。爸妈说什么，她也早就不在乎了，大不了急了还可以搬出去，而她唯一在乎的，只有男孩儿。有一次，他们一起出去吃饭，男孩喝饮料用的一次性杯子，都被女孩儿偷偷保留下来，带回家，写上他的名字和日期，爱如珍宝……

所以像是一个人为另一个人沉醉这件事，大概只有外人才能看到真相。所有沉醉其间的人，无论他品尝的是珠玉还是渣滓，他其实是食不知味的。至于什么时候才能被点破，这就要看缘分和造化了。

女孩儿说，当你真正喜欢一个人的时候，再长的时间，都变得不长了。别人闲下来的时候，都会玩手机、打游戏，只有她不是。她脑子里每天都只有男孩儿的影子，所以从来不觉得孤单。

有一次，她们大厦的电梯出了故障，一大群人都被关在里面了，结果只有她是最镇静的，因为就连那一刻，她都在想她和男孩儿之间的事，因此她从不知道害怕，除非男孩儿结婚了。因为她心里，有那个人。

“云深不知处”是我非常喜欢的境界，人是应该活到这一层的，让你的世界，永远有一层外面人看不到里面，里面人也看不到外面的境界在。那是一种必要的保护和隔绝，好比大气层，完全赤裸相对的关系其实是最要不得的。但这又和欺骗是两种概念，只有保持合理距离，才能拥有最大限度的欣赏和融合。

本质上，我们这一生，其实谁和谁，都不会真正在一起。爱情肯定是一场虚幻的童话，其作用，就是为了繁衍子嗣。这样说，大概很多爱情分子，难以接受，因为他们会说，我们可以不要孩子，也必须要坚持我们的爱情。但其实，你们只是世界的一小部分，你们要不要孩子，对于世界并不重要。大多数人因为爱情的缘故缔结了连理，产生了瓜果，这就足够了。

有时候，你说自己爱上谁了，这也许就是你一个人的爱情。

现在早过了用爱情来“水滴石穿”的年代。生命没有那么长久，水滴石穿，铁杵磨针，也许当那一天真的到来，你们都已经沧海桑田成了另外的人。

有些情绪，让我想到的只有一个字，那就是“付之一炬”的“炬”。不说化为灰烬，但也差不多了，而且还是心甘情愿地化为灰烬。当女人深陷在爱情中，极有可能幻化出一种非常可怕的付之一炬的气质来。好比蚕儿做茧，自己吐丝然后再把自己缠绕，直到有一天化为蛾子扑棱棱飞出来的时候，原先那个人的魂魄，其实早已不复存在。

和一个小我八岁的男人谈恋爱

34 岁的未婚女研究生，和 26 岁的未婚大专生，相爱了。

最初女人也不知道男友比自己小这么多，而女人看上去又比实际年龄年轻不少，所以男友虽然知道女人比自己大，但也没有想到居然大了八岁之多。

不过男友是一个心理年龄十分成熟的人，虽然年纪不大，但因为家境艰难，所以从高中毕业后几乎一粥一饭都靠的自己，有时候甚至还要勤工俭学接济家里。至于女人的状况，又恰好相反，家境殷实，教养良好，一直梦想拿到研究生学历，虽然头脑不是多么聪明，但终究也是在三十岁往上的时候把研究生学历拿到了。之后顺利找到一份工作，虽薪水一般，但总算清静。所以女人的这些年，几乎是非常单纯地就度过了。

像这样两个人遇到一起，表面上女大男小，但其实在心理年龄上，是女小男大的，所以女人第一眼看到男友的时候，就有一种非常信任和依赖的感觉，男友也爱女人身上那份独特的单纯，两个人在男友的主动攻势下开始交往，慢慢地也就来到了该结婚的当口。

这时候，男友担心的是女人家与自己家“门不当户不对”。而女人担心的，却是两个人之间相差八岁的年纪……

“他只是一个大专生，在学历的问题上，我们同样不对等。可是如果都对等了，人家又为什么会找我呢？我也说不上来，女人到了我这个年龄，总是会有一点英雄气短。再后来，又出了某著名姐弟恋情的出轨事件，本来他还总拿他们两个来鼓励我呢，结果呢？最近出了这个事情，我一下子就更六神无主了。我问他，你会不会过几年也嫌弃我老呢？他就说，他是他，我是我。然后他还说，你说这个男艺人也是，出轨了怎么把我都连累上了。”

八年，可以发生很多事。

但此刻想要说的不是八年，而是八岁。

也就是说，我们的男女主角，相差了八岁的年纪。那么这八年之间，其实是可以发生很多事情的，尤其针对一个人的成长来说，你不能完全忽略掉说，生命中有一个八年就像完全没有经历过一样，这样说也不现实。

这又有点像是两个人各自出去旅行结果在旅游景点碰到时的样子，有时候起点不同，有时候终点不同，但并不阻碍我们在这一路段上相逢。

所以有人会觉得，既然终究不同路，我们也不必现在在一起。还有人会说，管它日后会不会在一起，只要现在有人陪就行。

所以你看，这就是两种完全不同的恋爱观。若是想着长远，没有哪份恋爱是一上来就可以看到长远的。若是想着眼下，那就先把眼下过好。

我想这可能就是这样一份相差八岁的恋爱的答案。

当然世人对于“女大男小”和“女小男大”所给出的标准还是完全不同的。

朋友嫁给一个大她二十岁的男人，朋友们除了祝福之外，也确实都赞叹她的勇气，毕竟等到她四十岁的时候，那个男人已经六十了。如果不出意外的话，基本上白头偕老的可能性会变成她一个人独守最后的日子，除非那夫君活成一个老寿星，可以有百岁以上的鲜活生命。当然凡事也没有绝对的，两个人年龄相仿结果丈夫撒手人寰的例子，在我们生活中也不要太多。

说到底，爱情这件事，原本就是一项风险极大的投资，而且任何经验老道的投资客，都没法主宰命运的风车，所以如果眼前还算是幸福，且这份幸福又不是建立在不道德、不名誉、会带给他人极大痛苦的基础之上，那么我想这样的爱情，就是应该被祝福的。

所有的反对，不过是因为担心，只要你们真的幸福，一旦被证实这种担心是多余，父母都会敞开怀抱来接受。

婚姻真的就是一场赌局，再好的婚姻，也是没有人敢给你作保，即便你找了非常登对的配偶，未来也同样是不可预测的。

所以，一切都是借口，你所谓的在意别人，其实也是因为你自己心里也藏了不少这样的想法。那么外界所有的问题，都是你内心的示现。

一切的答案，还是在你自己，你觉得值，就是值了。你觉得不值，那就再等所谓的好姻缘就是了。

其实哪有什么好或者不好呢？好与不好的判断，有很多都是要靠时间性来保证的。比如你在这个时间点，会认为这样好；在那个时间点，又会认为那样好。

人的需求，往往并不是恒定的，而是在不断变化之中。

冬天的时候，暖是享受。夏天的时候，暖是受罪。人们对于爱情的需求也是同样。

没有爱人的时候，有爱人就是幸福；有爱人的时候，还得有孩子才算圆满；当孩子有了，又希求他能够光宗耀祖；光宗耀祖之后，开枝散叶又提上了重要日程……所以人的希求其实是没有穷尽的，甚至是一眼望不到边的。古人云，难得糊涂。这世间有太多事，其实是禁不住深究的，只要懂得把握住眼前的幸福，就够了。

不在一起请平静祝福

这世上就是没有后悔药啊，就是没有。

如果有后悔药卖，也就没那么多荡气回肠的故事了，而且会助长人们更加出尔反尔，不念后果。所以原来不给后悔药吃，反倒是上天的用心良苦和慈悲了，省得爱钻小空子的人类，在同一个问题上盘旋补考一万次，如此一来，百世千劫也不可能拿到结业证了。

爱一个人，遇到了，然后没有珍惜，又错开了。错开又后悔，期盼再次遇到，已是不能，因为此时，使君有妇，罗敷有夫，再续前缘，已是惘然。

还有的时候，是当初可命折腾、作的那一位，开始后悔，悔不当初。而另外一方，却是牵了对的人的手，安安静静步入正轨。

这时候，凭你再闹再打再表白的，也是徒劳。人家终于涉水上岸，你以为还会等着你再把人家拽下水吗？这时候你再讲什么过去的诸多情意，还有何用？当初可是你打着闹着非要分的？

“后来我结婚了，他也结婚了。我还是会经常在梦里梦到他，有一次甚至哭醒了，因为我梦到我找不到他了，迷路了。说真的，那天我醒过来的时候，看着身边的孩子，万幸我老公睡得死，但我自己还是觉得十分丢脸。我不知道这究竟是为什么？我们都已经不再是当年的我们了，但为什么还是会梦里相会？知道他又再婚那晚，我整整听了一个晚上的情歌，在我看来，我可以结婚，但是他不可以，难道他这么快，就把我忘记了？！”

说起来，即使人家再婚，也是在你之后，生小孩也是。但是为什么只许州官放火，不许百姓点灯。你再婚生小孩没事儿，前夫再婚生小孩你就心痛欲死。难道一定要前夫做你一生的备胎不成？

吃着碗里占着锅里，这也配叫爱？只需要别人对自己忠诚，却从没想过自己付出忠诚，像这样的条件，也好意思提？

没有忠诚的爱情算不算是爱情？肯定不算。

当你真正爱的时候，忠诚不过就是副产品，是你特别想要馈赠给对方的，甚至对方不想要都不行，因为世间万般，在你眼中皆如尘土，任何微小的爱情，都会经历像这样的阶段，并非我们的天方夜谭。

若无忠诚做标配，爱也不过就是一个“欲”字。

虽也会意乱情迷，也会神魂颠倒，也会乐不思蜀，夜不能寐，但这和吸毒嗑药的效果根本没什么两样。

人有时会在不同状况下产生相同的征兆，所以征兆也不是万能试纸。除非你足够了解自己，足够了解人性。

很多爱，说是爱，其实不过是你对另一个人的独占欲和贪心。

就算把决定权都给你了，你真的确定知道你要怎么做吗？不，你不知道。

即使命运把这个人再送还给你，你照样不知珍惜。

真正的爱，肯定不是这样。

“过去了”，是一句特别轻描淡写的话。尤其是放在外人的事情上，我们往往都会说上这么一句，既然都过去了，就别再追究了。但其实过去和过不去，只有自己真的摊上事儿了才能明白，有些事，其实是不容易过去的。

有时候说能过去，也不过是自己骗自己。

因此每次遇到事儿的时候，只有我们自己感觉到“过去了”，这件事也才算是过去。然后还要给自己一个“过不去也属正常”的理由，千万不要太过为难和高估自己的疗伤能力。

但这一切赦免的前提，都必须是不能再伤害到另外一个人。一旦涉及情感的第三方，我们就必须要慎重再慎重，就算过不去，也得强过。这就是理智。

将一份真爱，付与一个烂人

这是一个非常激烈的故事。

女人爱了男人整整十年。

这期间，男人三次劈腿，三次回头，而且每次回头都声称发现女人才是他的最爱。最终，是女人自己厌倦了这样的生活，她发现他再也不是从前她爱的那个人，所以两个人最终决定分手。分手时，女人泣不成声，男人想要挽回，可女人知道，男人其实早就不爱她了，和她在一起，不过是出于一种习惯。

这真是让人落泪的真相。

对于男友，如果不是因为过于深爱，女人也不可能次次都去选择原谅。但时至今日，女人也不再是当日的女人。她形容自己，就像是一个破碎的布娃娃，再怎么缝，心都是在滴血的。她还知道自己这辈子再也不会像爱这个男人那样去爱任何人，也许她日后会结婚，但一定是找一个爱自己的人。她再也不想这样全力去爱别人，因为太累了，也太不值。

“经历过这么多波折，我其实已经不再信他了。这份爱情已经打了折扣，只是身处其中的人，还不觉得，还在贪恋。其实我想，可能从他第一次背叛我开始，就已经注定了我们今天这样的爱情结局。只是那时候我还不知道，还不舍得放手。我想放手也是需要时间的。所以我们才会在一起缠绕了十年。整整十年，可以说是我生命中最美好的十年。我爱他，全心全意、尽心尽力地爱他，每次他回来，我就会觉得生命里又重新有了阳光。但那种阴霾的感觉，又总会在阳光背后挥之不去。这一点，我骗不得人。”

这一场恋爱，足足谈了十年，就像是一场拔河比赛，拔到最后，双方居然谁也没有胜出。这，可能才是最悲哀的吧。

于是这时候，女人再次想起张爱玲和胡兰成。虽已有张爱玲这样珠玉一样的人物在先，胡兰成依然还会和各种乱七八糟、千奇百怪的女人约会。无论是小自己很多的女护士，还是落难时遇到的女房东。仿佛对女人他从来就不挑。难道像张爱玲这样的女人，都不能满足他?

这真是很像她和他之间的感觉，男人这些年的劈腿对象，同样是烂到不行。可男人说，他真的动心了。然后神不守舍，然后被女人发现，再之后就是老生常谈一般地在两个女人之间摇摆，最后就是借酒浇愁、痛不欲生。

即使男人不厌倦，女人自己对于这一切，也早就厌倦透了。最见不得他魂不守舍的样子，更做不到男人已经不爱你了，你却还在摇尾乞怜。于是每一次，女人都会选择放手。万万想不到的是，男人每次出去寻爱，最后又都会如丧家之犬一般回到女人身边。

女人不是一个很容易从爱情中走出去的人，于是每次又都重新接受了这个让她遍体鳞伤的男人。这样的故事，让人听到都感觉疲惫。

没有人不喜欢那种一心一意、从一而终的爱情。直到今天，女人都不适应，从此以后，男人将不再是她的爱人。虽然他们没有结婚，但在她心里，早就已经命定了，这才是和我生死相许的人。只可惜，历经十年光阴，依然是个零。

女人一直都在秉承着自己的心意。她知道她还爱他，只要看他一眼，就能感觉到自己的爱在奔流。心里就会特别暖、特别软。他在身边，她就别无所求。所以每一次原谅，说到底，也是给自己的救赎。

有时候，放手也是需要时间的，更有可能会来回反复。人最可怕的，就是发现自己离开了这一个，根本无法开始下一个。女人也知道，她现在最欠缺的，就是一份糊涂。假如有一天她对男人说，来，娶我吧，他一定会二话不说地答应她，但女人，不想说这个话。因为她分不清他的娶，究竟是一种施舍，还是怜悯，抑或是责任？而这三种情绪，女人都不想要，她想要的是爱情，那种真挚的，千金不换的爱情，早就遍寻不见。

有时候我也在想，爱情里，一定是有时间点的。

不管爱或不爱，分或者不分，只要时间点到了，结果一定出现。

也有的时候，在这个时间点是爱，过了这个时间点，没准就不爱了。你若问他，就连事主自己都说不清。一般像这样的过路情感，肯定不是爱情，爱情一定是禁得起时间考验的。检验爱情的唯一要素，就是时间。

总有人问我，阿莱我要不要结婚？我很快就要结婚了，但我是如此不相信婚姻。我说，当然要，不仅要结婚，还要做妈妈。这都是人生不可多得的体验，就算是撞南墙都值。作为女人，如果失去了这样两份体验，多少会有所遗憾，甚至这遗憾还是巨大的。不信你问问身边人，有哪个做了妈妈的人，是觉得不值的？没有，一个都没有。既然婚姻如此让人悲观，大家为什么还是要打破脑袋去争？这里面已经把一切都说明了，还是值嘛。

未来的事，我们谁都不敢打包票，完美的开始并不代表完美的结果，但即使未来有可能离婚，先生有可能出轨，或者你有可能不再爱他，这个婚，还都是值得结的，因为那是你自己的人生必经之路，不会白走。

爱情里的时间点也是，很多信誓旦旦的真爱，当过了某个时间点的时候，简直就会像黑夜与白天、天使与恶魔一样交替转换，昨天还曾经爱得痛不欲生，今天就开始悔得痛不欲生。然后这所有的痛不欲生还都是为了同一个人。前天此人还是鲜花，第二天这人就成了狗屎，最大的慈悲就是你没有为狗屎付出过多。不然，肯定想出门撞死的心都有了。

所以人在“爱情”来临的时候，还是应该拎着理智想上一想，到底什么样的男人和女人，才是你真正需要和值得去爱的？想明白了，再去行动，也不迟。

爱情里有一样最重要的东西，叫作无常。也是致使我们痛苦、悲伤、疑问、彷徨的主因。为什么爱会变、会移、会背叛、会走、因为爱情是无常的。当事人自己都不知道自己的真爱在哪里？因此只能瞎猫碰上死耗子，赶上什么算什么。

一个找到所爱的人，如果不幸遇到另外一个完全不知所爱的人，大概就是我们今天故事里的结局。因此我们要说，爱情从来不能靠着一个人的信仰去完成，没有人与你呼应，再美的爱上，也是悲剧一场。

每个人都该有这样一盏心灯

“有一次，我手机里有一个陌生电话，我就问，你是某某的老婆吗？那边没有说话。然后我就大着胆子说，他不爱你，他爱的是我，我们才是真爱。那边还是没有说话，就把电话挂断了。到今天我也不知道那个人究竟是不是他老婆，但我就知道，他来我这边的时候越来越少了，偶尔也会打个电话，但基本都是我主动打给他，我又不敢逼他催他，因为我很怕他真的就再也不来看我了。我好想嫁给他，但就是不知道，该怎样才能办到。”

她应该是那种主妇们最痛恨的女人。貌似很可怜，但其实是侵犯了太多家庭的“主权”。她总是在描摹自己有多么善良，包括她无意中做下的那些事，在她口中，却都成了没办法的不得已而为之。

她长着一副无辜的面孔，让男人们觉得可以同情下并且相处下，她同时又很明白这“可怜”的用处，有时候，甚至打败过那些“高贵的同类”。

其实，她也有她悲惨的过往。两次失败婚姻，唯一的儿子也判给了男方，现在无业，靠一些关系挣一些钱，在外租房子，亦是很多男人的情人。自言早就看破红尘，她与男人的交往方式都是通过网络，游戏心态，彼此互不干扰。

但她也有中意的男人，只不过人家有老婆，她也只能是做做白日梦而已。其实她自己那两次失败婚姻，皆因男人出轨，外来者侵入，甚至上升到家暴。她原本是最值得同情的一方，现在却也成了侵入别人家庭的不堪之人。

这样的女人多吗？应该说，不少。

小时候看琼瑶书，里面那些侵入别人家庭、夺走别人感情的女人，都天生一副娇弱资质，说起话来也总是“妾当如蒲草”之类，好像越是低贱和卑微，反倒越是能够衬得男人的优越以及尊贵，同时让他们对自己心生疼惜，从“我只要一点点爱”的卑微呼唤，达到“拿走这蠢男人全部世界”的“宏大目的”。

天涯上有一个特别好玩的帖子，标题大概就是“琼瑶剧中你最想掐死的女主角”，当然网络上的帖子可能会有情绪过于极端的地方，但是帖子中所列举的那些人物，比如《新月格格》里的新月，比如《菟丝花》里的罗夫人，比如《碧云天》里的俞碧菡，当然也有《一帘幽梦》里的紫菱，还有《梅花烙》里的白吟霜……

这些擅长在男人面前采取一种“自轻自贱”范儿的年轻女子，果然个个都懂得如何以退为进，如何在男人面前，用另外一个女人的嫉妒来衬托自己“无辜的深情”。

像这样一群“善良的情感掠夺者”，在生活中绝不缺少原型，她们的演技几乎可以直逼奥斯卡，而她们所有的卖力出演，几乎就是为了演给那一个男人看，那个对她们很“痴情”、对前任很“无情”的负心汉。

所以才会有句话叫作“女人何苦为难女人”。

无意中看了一眼电视剧，其中朱媛媛扮演的牛一一在剧中说了一段特别精彩的话，她指着自己出轨的老公，对那个正在装可怜、装无辜、装纯情的小三儿说，你太心急了，就算他真是个垃圾，也得等我扔到门口，你再来拣，那时候，我没准还得给你钱，因为让您受累了。可是现在，你没经过我允许直接进到我家里把这堆垃圾拿走，这叫偷盗。

真正善良的人，就像光，本应外界越黑，我们越亮才是。而不是外界黑了，干脆我们自己的心也跟着一块儿乌漆麻黑了。

其实真正需要光亮的时候，就是在最黑暗无助的时候。越是极黑处，那光才越耀眼。

每个人都该有这样一盏心灯，这心灯是用来给低谷时照亮用的，而不是越是大雾弥漫，反而把心灯彻底掐灭丢在了山谷里。

在这个世界上，总有一些事情，让你听了之后义愤填膺。因为她所有的描述和辩解，都站不住脚。说是人类公敌也不过分。皆因受过伤害，所以伤害别人。天底下有这样的歪理吗?

很多人问过我，到底是人善被人欺，还是好人有好报?每次我都会认真作答，短期看，人善被人欺，长远看，好人有好报。这是真的，善良这件事，也不能光在那里善良，当善良等同软弱的时候，这个善良也是需要被调整的。真正的大善良，应该是一种力量和能量。

我们都在学习如何去爱一个人

“在这四年期间，我们有过两次分手。虽然这两次都是我提的，但是他都是没怎么挣扎就允诺了。这是让我特别不可思议的地方。女孩子在恋爱时使点小性子提出分手，也不算什么对不对？只要你男人好好哄哄她就是了。但他不，他虽然也哄了也求了，但就是装装样子，然后就真的走开了。完事就像没事人一样，完全看不到痛不欲生。我问他，离开我你不难过吗？他说，怎么不难过？但日子还得过。再说了，我求过你，你不答应，那我也没办法。我就对他讲，我以为你没有我，就会死掉。他摇摇头说，你真的是电视剧看得太多了。”

爱情里的安全感，到底是谁给的呢？外界当然是有各种各样的诱惑，但各家各户的小日子，也还是照样生龙活虎地过着。

老话儿怎么说？“光听蝲蝲蛄叫，难道还不种地了？”又有文雅的词儿道，人不可因噎废食。说白了，就是不用管别人家怎么样，咱们过好自己就是了。

但这种定力，现在的人奇缺。总是外面一有什么风吹草动，大家就会联想到家里那位。还有的时候，别人丈夫出轨了，然后我们自己不敢结婚了。

人活着还得生病呢，难道就不活了？凡是不敢结婚的人，或者有婚姻恐惧症的人，就算一旦结了，可能也会极度缺乏安全感。

人的安全感的建立，可能来自对方，也可能来自自己。就像有人恐高，而有人不恐高一样。有些问题在这个家庭成了逾越不了的障碍，在那个家里就像是根本不存在一样。

说到底，都应该属于在爱情中，有些悲观的人吧。或者是原生家庭不幸福，或者是身边有很多悲观的例子，也许，自己也有过恋爱失败或者被遗弃的历史。

总之一旦你对爱情悲观，就算你遇到百分百的绝佳爱情，你也很难感受到幸福。

悲观的人，不好的时候，盼望着好。好了的时候，又盼着长久。一旦不能长久，好也就不算好了，照样从头开始悲观起来。

而乐观的人恰好相反，特别善于从不开心里找开心，从悲苦里找光芒。

《优柔的执着》——一首特别苏芮的老歌，是真的老。那时候还是卡带时光，苏芮的声音，带着一种舒缓的脆弱，很像很多女人的内心，看似坚持，其实完全不能触碰，一旦触碰到某一个点，就会瞬间坍塌。

不知为什么，时光穿越到二十年后，有些人坐在你面前的时候，就是会带给你时光穿梭一样的感慨。她们固执地相信世间确有美好的一切，但第一自己未必遇到，第二即使遇到，也是转瞬即逝，没有他选。

女人对于爱的要求，总是希望能够随时随地、一再得到证明。如果得不到证明，就会怀疑，就会伤心，甚至觉得一切美好，都如过眼云烟。

娶了这样的妻子，可能会让很多男人觉得累心。她们也许并不看重钱，但却特别看重你对她的那份心意。而心意这件事，又是特别难画难描。

希求在对方的情话里寻找安全感的人，其本身的情商应该也不会太高。

爱情这件事，除去情话之外，应该还会有很多的边边角角可循。有些人就可以看到，而有些人，却又像爱情的睁眼瞎，每天要着爱情，想着爱情，爱情真来了，她又像叶公好龙一般，与爱情无缘。

若不知道好好享受婚姻生活，只是一味疑神疑鬼，再好的爱情，也是会被作跑的。

历来女人就是爱情动物，而男人不是，相较之下，男人更加爱己。当然这是没什么褒贬的成分，而是诉说事实。

所以大部分女人都会靠感性活着，而男人喜欢理性。也有的女人活得比男人还要理性，所以她们都成功了，在职场上的表现比男人还要超越，甚至让男人仰望。不知道她回到家里，是不是也能做一个幸福的、被男人呵护的小女人？只有那样，才算是完整。

因此学会如何去爱一个人，并吸引别人来爱你，是女人一辈子的功课。

要为自己的爱情设置一道防线

三角关系，最开始，都是隐形的。其实越是三角关系，越容易隐形。就像冰山的基座，一般都是隐藏在冰面下的。不临到撞上你，你都不知道危险已经来临。

总以为这冰山看着还远，然后再转舵早来不及了，泰坦尼克号不就是这么沉没的吗？男女关系中，也会有很多这样漂浮着的，看似很远，实则很近的冰山，且大多是身边人，这才更可怕。

她们会像蛇一样无声无息地逼近你，不经意间就掌握了你的全部信息，然后，遇到适当时候，一定会伺机出动的。才不管你反应如何？你的反应，原本也不在她的字典之内，好多人身边都会有这样的“危险关系”存在，凡危险关系，一定是看上去最安全的。像百合花，长在悬崖上，才没有人敢靠近呢。

于是但凡危险的，定是像毒蘑菇一样招人喜欢，这样你才会不设防嘛，都说人不可以貌相，这是真的，单凭所谓长相气质就判定一个人是否危险，多少有些愚蠢。

真正判定一个人，一定是要看他做的那些事。比如一个人特立独行算不算危险？我觉得不算。因为他跟别人关联的地方不多，就像管道一样，有的人只堵自己那一块儿，别人觉得讨厌，不过是因为受到了他单方面堵塞的牵连。

好比暖气，你家不热，也连带了我家不热，但那些都是好疏通的，打开阀门放放水就是了。那些不会处人际关系的人，那些像晴雨表一样的人，反而是最为简单的，因为他心里有什么，他心里怎么想的，都在脸上，别人看得一清二楚，所以倒也容易解读。

怕的就是，有些人不显山不露水就成了你生活里的常客，你的家人，你的朋友，包括你自己，就没有一个不说他好的，全都对他不设防。那句话怎么说？“君子之交淡如水”，此言真是智慧无双。

其实朋友之间再好，也一定要保持一个合理的适宜距离。真的是远了不好，近了同样不好，只有保持适宜舒服的距离，心、观念、理想，反倒能够自然靠近，那才是本心本性的选择。

因此我生怕自来熟的人，遇到自然会躲，属于本能反应。而且自己也做不来这样的人，喜欢的，当然愿意靠近。气息相投的，自然彼此都有黏合度。反之，就是另外一回事了。朋友交往一切凭心，并不考虑利益。偶尔可以出于礼貌应付一下，但也是仅此而已。

生活的圈子不必扩大到没有边界，那么多名人中，最欣赏的就是钱锺书、杨绛夫妇。怎么看怎么觉得他们身上有各种好。说是清冷，其实不过是自知。

试看那些热热络络的人，又有谁真的得了善终？

得善终不是人生所有意义，而是读书人本该读出一个明白，读出一片天地澄明，而非混沌。

因此那些真正的好朋友，是无须每天呼朋唤友在一起的，好朋友是最温暖的烛光，暖心，却不灼人。她会有自己的人生和辨识，她有她的底线和坚持，她绝不会碰任何属于你的东西，包括男人。因为她不要因为自己的缘故，而使你伤心。

写到这儿，突然觉得好心伤。因为不防备，而被信任的女友挖去男友的，远比被陌生人挖了爱情的墙脚，要悲伤欲绝得多。前者你会觉得对方情薄，而后者，你会深觉是自己的愚蠢和不可原谅。于是不用对方嫌弃，你先开始嫌弃自己，动摇自己。从而由此揭开怀疑自己一切能力的大幕。

“那天晚上，我是在他怀里睡着的。他说，睡大床吧。我说，脏。他很无奈，解释说，她并没在我这里留宿过。我告诉他，别在我面前提这个人的名字，你提这个名字，我都觉得脏。

“说到这儿，我突然就抽了他一个嘴巴，我说，你对不起我，你跟谁都可以，就是不可以跟她。他没有动。我们之间好像再也回不到以前了。离婚都没有让我们疏远。哪想到……这种引狼入室、被人背后捅一刀的感觉，真是太可怕了。”

因此所有的情变，最终都会演变成一段或长或短的自我否定。愈合期有的需要几月，有的需要几年，甚至半生。有人用吞苍蝇的感受去形容。想到当年是自己亲口把和爱人之间的各种小秘密告诉她，从而亲手培养出一个这样强劲的情敌出来，就无法原谅自己。

我从来就不赞成一对情侣吵架了，然后由他们的异性朋友，出面说合。更不喜欢你的闺蜜或者哥们儿和你的恋人走得太近，过于不分彼此。

男人女人，从来就没有固定的关系模式，大家都是易燃品，必要靠道德、情感、伦理来约束。要不怎么能说感情游戏最危险呢。

世上有一些人，只能在背后望着自己的爱人

总是震撼于那样一种舞蹈，每次谢幕之前，领舞者的最后一次沉醉和沉浸。

舞台上下，一片静穆漆黑。只有一束光，追逐着一个孤独的生命……这是心灵回归和安宁的时刻。

身体上的激烈舞动和内心中的平缓安详，类似死亡般丰盛美丽、神圣寂寞，所有的所有，都在这一刻，找到答案——原来一切的一切，都不是为了要舞给别人，而是舞给自己。

舞毕、情尽、灯光大亮、万头攒动、掌声如雷……谁又能晓舞者的魂魄在下一个轮回将飘向哪里？原本，就是一个人的舞蹈，一个人的完结，一个人的平复和释然。

“那天回到班里，我并没把那个纸条交给那个女生，而是偷偷撕了丢到厕所里了。当然我居然也没有打开看，因为我真的没有那个勇气，看他给别人写的情书。好在这之后，他从没有为了这件事而问我，我暗中观察那个女生，其实她是有男朋友的，并没有和我的邻居交往，所以我的心还好受一些。但也因为这个，我对那个人也开始伤心和失望，甚至连见都不愿意见他，每

次故意错开时间出门，就为了不碰到他。我想他这辈子也不会想到，我曾经那么疯狂地喜欢过他。”

——世界上有一些人，只能在背后望着自己的爱人。多年前，看过一部韩国电影——李美妍主演的《错爱双鱼座》。

海报上是女人扬头望天的侧影，白衣、白伞、细密得几乎看不到的小雨落在整个画面上，远处的树，虽然模糊，却也看得出正在风中摇曳，树、雨，还有流动的风……只有她是静止的——

有梦，却不表露，而是用温热的泪液和无限的热望，将它一点点包裹、深埋、再深埋……直到，等来那样一个时刻、等来那样一个人的时候，再破土、发芽并盛放……

席慕容在诗中说：总是 / 要在凋谢后的清晨 / 你才会走过 / 才会发现 / 昨夜 / 就在你的窗外 / 我曾经是 / 怎样美丽又怎样寂寞的 / 一朵。

李美妍饰演的女主角爱上了已经有女朋友的男主，因为爱，她做出了一系列疯狂的举动。男主害怕又不解地看着她，哀求她停下来。

女主也说：“我累了，其实我也想停下来，可是，我没有办法。”“你疯了吗？”男主问。“当爱上一个人的时候，人都是会渐渐疯掉的。”女主认真地答。

诚然，她为他做了太多。然而，假如他并不爱她的话，可能她为他做得越多，他越恨她。拥有爱实在是太幸福的事。怀爱不遇，却又太不幸。

有些爱，貌似轻巧的开始，但结果却是如此惨重的结束。单恋这件事，就是容易让人感觉到电影一般的唯美心碎。但其实，没有比单恋更苦的爱情罪。宁愿蓬头垢面去找一个心甘情愿的男人来骂，也不要真把爱当成无籽花种来种。

就像《滚滚红尘》里，月凤骂她男朋友小勇时的样子，大大方方地骂，大大方方地爱，大大方方地不满，然后两个人一起大大方方地混日子——只求来上那么一个人，好让自己的这颗心，安安稳稳地摆动下去——不必太多性格的，痴痴就如此交付——满钵满罐。

三毛更是在前面交代，“小勇的眉目中偶有英气，只是被月凤一打头，英气就消失了”——哈，好一个做爱人的底子，就是他了。

找男人，可以有家国大梦，但最怕怀才不遇，怀才不遇者，一旦才遇了，下一步就要和你不遇了。

这是真理。自古道文人多情。其实反倒是嫁了武将的女人容易获得终极圆满。

武将们粗线条是粗线条，倒也知道以德报德，以爱报爱。至于那些舞文弄墨者，情怀多到与无情无二，又留他作甚?

总有姑娘对容貌格外在意，认为自己在爱情中的不幸，大多是因为容貌所致。纵观我身边，嫁得好的，反倒以相貌平平者居多，美女几乎都剩下了，这又是为什么?

说起来，一个人能够嫁出去，基本要满足三个条件，第一是缘分，就是该是你的人，恰被你给遇到了。第二是因为相处，相处时间久了，再美的人，也不觉得美了，再丑的人，也看着顺眼了。第三，就是性格，这里面的性格，不是说你性格好坏，而是你的性情，恰好是那个人需要且爱的那一款。

因此，即使全世界都觉得你不美，却有他觉得你挺好看，这就足够了对不对？也有反之的，全世界都觉得你好，就他觉得你不好，难道这不悲催吗？

因此单恋的人，也大多是不够自信的人。一个人爱你或者不爱你，有很多理由，容貌只是其中一小项，绝非全部。因此我们首先要学会的是欣赏自己，而非嫌弃。

有时候，如果觉着面对很痛苦，那就不妨先忽略，反正人无完人，谁要是成天都只想着自己身上有哪些缺陷处，那真的没法获得快乐，更不会吸引人来爱。

嫁人也是一种机缘

有这样一个数码男，戴眼镜，个子矮，比较懒，缺情趣，唯一的好处就是痴情而专一。对于喜欢的女孩，一直都很坚持，那种坚持还不是狂追那种，这人是个数码狂，平时就算是和他约会，也会比较沉闷，对于男女之事，一向可有可无。比如这些年他只喜欢过一个人，假如没有这个人的时候，他就和他喜欢的数字表格相伴，对于吃喝穿戴也没什么需求，过着苦行僧一般的生活，偏又乐在其中。后来女孩儿终于考虑好，答应和他在一起，他也没有表现出特别的兴奋。

如果有这样一个男人爱着你，你嫁吗？

“他其实从来没给过我任何压力，十分温和，如果有妻子，他只希望是我。如果不是我，他也可以守着他自己的那些爱好过一辈子。但其实这并不是我要的人生。我要的，是那个在送请柬时，顺便送我点心吃的男人。我喜欢那样的男人，浪漫、文明、优雅、绅士。身姿保持得很好，每天都泡健身房。有着极为挺拔的完全超越了同龄人的身姿。还能够照顾到你的各种细致感受，而不是像他那样粗线条男人，还没进入婚姻，已经是一副啤酒肚的样子，看着就很颓废。但是人是有命的，我现在信了，也认了。”

选男人，女生总是在“浪漫款”和“棉布款”之间摇摆。“浪漫款”看着颇有风险，而“棉布款”虽然居家，但又可能烦闷一生。一说到“行”或者“不行”，还特别爱用这样一个词，眼缘。但究竟什么才是眼缘？抑或人们常说的缘分？

缘分中最重要的一点，叫作机缘。

也就是说，你必须要先有机会，然后才能结成这个缘。

就像有人支招给那些想钓到金龟婿的姑娘，你只有买得起头等舱的机票，才能有机会结识到坐在头等舱里的金龟婿。这其实也是从另外一个角度解释了“机缘”中到那个“机”字。

所以才会有那么多女人情愿削尖脑袋往上流社会的圈子里扎。好像你只有进入到那个圈子，才有机会结识到更多的有钱人。

然而有些事也不全是这么简单，韩剧里尽是那种费尽心机想要上位，结果全被“灰姑娘们”搅局了的故事。所以“鹬蚌相争、渔翁得利”，也算是机缘之一种。

当人们自觉被各种机遇所抛弃，前程爱情突然在一瞬之间相约好坍塌，这时候大多数人会愿意依赖某种更加稳定的东西，比如家庭或者婚姻。

哪怕那个人是你并不爱的，但你为了急于证明自己、稳住自己，急于抓住一点什么，也会情急之下病急乱投医的。

有很多婚姻都是在这样的“覆巢之下”建立起来的“完卵”，日后究竟会如何？真的不好说。

有些决定，就像是临时的镇痛药，若不进一步处理，过后肯定该怎么痛还会怎么痛。

我们其实比较赞同的做法，叫作“回望”和“珍惜”。是那种“灯火阑珊处蓦然回首”的温暖。

是那种“说时依旧”对于多年情分的“反刍”。

很多感情的升华唯有到达了这一步，才能柳暗花明、春暖花开。还是那句话，永远不要在情绪最坏的时候去做决定，那个时候所能做出的决定，也必定是坏的。

当你的生活股票一赔再赔，然后你就幻想有那么一个人出来，帮你力挽狂澜救市。这本身，就像是又下了一笔赌注一样让人感觉很悬。

婚姻肯定是一辈子的事。嫁一个人，既不能赌气，也不能赌运。我们必须尊重婚姻本身。有人愿意在你最需要的时候伸出双手，你可以用一生去相守和回报，也可以选择其他方式。

人啊，都是好了伤疤忘了疼。有些事，如果不随时提醒着自己，我觉得，每个人都会患上健忘症。你可以爱一个人，也可以不爱一个人，最不该，就是拿人家当免费氧气瓶。

为什么好女孩得不到好爱情

有的女孩子特别好。她们在爱情中傻乎乎的，让人心疼，什么都不计较，什么都可以付出，以为这样，爱情的向日葵，就会整日对着她们开放。

但是亲爱的女孩儿，爱情真的不是挥锄头种地，谁抡得多，谁就配得到幸福。何况就是挥锄头种地这个事，也要看年景好不好？会不会遇到蝗虫？以及今年的收成，是不是市场上热销的作物等等？

世界有太多未知数，爱情也是，还有人生。所以在挥锄之前，还是要稍微考量一下，对方对我们，是不是也有这样忠贞的心意？

有些现象懒得提及，那些会提要求，爱花钱，喜欢作的女孩，反而容易获得男友的百般宠爱，反之，一些老老实实去爱一个男人的，沉沉默默去付出的，更愿意把苦放在心里的，然后奉献出甜的女生，最终的结果，都并不好。

“那天，我们一起出去吃饭，他指着戒指上的小小钻石问我，喜欢吗？将来我一定给你买一个大的。那种感觉，真的就是爱情的感觉，没法形容，两个人在一起，只要感情好，无论吃什么不吃什么，都是香的。沉浸在爱情里的人，没有苦日子，天天都是幸福的。物质只能填满并不深爱的心，反正我是这样以为的，父母的反对，也让我更加坚定了要和他一起追求幸福的决心。”

我一直在找这里面的缘由。为什么好女孩儿，总是不容易获得好的爱情？是不是当你的爱情真到无价的时候，别人也就不舍得给出价格或者价钱了？

无价的意思，并不是真的没有人来问询，更不是免费的施予。爱情终究不是一次慈善事件。我们在爱的时候，可以不去计较，但却必须要拥有收获。

女孩子在爱情中不被对方家长接受这种事，想来并不少见。然后若因此真的没能走下去，想必都说成是父母阻拦的因由，多少有些牵强。必定爱的双方，是你和他。父母在这里面的千般阻挠，也不过就是纸老虎。说到底，但凡对方对你的心意已决，父母方大致是拧不过的。因为天下，还真的少有太过狠心的父母。

因此那种低至尘埃里，百般迁就的爱情，最终的结果，特别容易招致你都低到尘埃里了，对方依然会甩你一个脸子而去。也许这一幕是在你迁就他迁就了几年以后，每天怀抱着“没准他父母很快就会瞧得上我了”的空篮子，直到男友告诉你，我们不行分手吧，你才明白自己这些年所有的付出，都归结为了零。

然后当然是各种憋屈、不解、没来由的恨。但也应该想到，这是我们对对方情势估计不足所致，也可以说，情商部分亟待充值。

有句话我说过多遍，一切都是借口，只有不爱是真的。

这里面的不爱，也隐含了不够爱。

就像跑步冲刺一样，动力不足，动机不充沛，自然冲刺的时候就没法儿拼老命。

情到深处的时候，无论男女，还都是会有那么一瞬，是愿意为了对方，去拼老命的。当然一辈子都想为对方拼老命，那状态也太理想了，我们不做那个梦也罢。

一个在这女人身上冷漠无比的男人，没准到了那女人那边，就成了痴情种子。爱情是没有道理可讲的，爱情的战场更无规则可循。一个大美人很可能被一个女丑八怪抢去男友。这是现实里经常会发生的一幕。

虽然爱美之心人皆有之，但也得看那个人对美的标准如何。赵飞燕因瘦而得宠，杨玉环因胖而恃骄。如若将这两个女子换一下，没准他们的君王，连正眼都不愿意将其瞧一瞧。

所以爱情里，还是有命的，也叫缘分，强求不得。

曾经写过一篇东西，叫作《黛玉嫁给薛蟠》。想象一下，黛玉真嫁给薛蟠了，难道不是另外一个香菱吗？难道薛蟠像宝玉一样把她捧在手里当宝贝吗？当然不会了。黛玉这辈子最大的价值，就是遇到了宝玉，不然，她又和其他的不幸女子，有什么两样！

爱情既不是你，也不是他，而是两个人一起共同浇灌出的一盆花，有的花先天就有问题，再怎么养，都无力回天。而有的花就不同了，喝口凉水都长肉，晒晒太阳都生根，因此爱情的付出和收获，其实并不成正比。

在朋友圈看到一篇东西，说是所有的蚕，都是自己用茧把自己裹起来。这其实真像是一个人生的隐喻，我们每个人皆自己吐丝，自己包裹，自己突破。

不能不想自己，也不能光想自己

“他带我去了一家奢侈品店，给我买了一只手袋。那是我平生第一只大牌手袋，大约花了他两万块。我犹豫了一下，然后就没再拒绝。一切都是这样梦幻，最后我把手袋拿走之后，就存在了我最要好的闺蜜那里。因为我真的没想好该怎样和我老公去说。其实我还明白一件事，就是他看我看得门儿清，好像我什么解释和掩饰都不需要，他一眼就知道我是生活得如何的。我老公对我很好，甚至比对女儿还要好，但我们生活得乏善可陈，在那个人面前，我装不出富裕，因为我从头到脚都是便宜货。”

富裕多金深情款款的前男友，和蹩脚屌丝只有一颗爱你心的老公。这是不是一道最难解的选择题呢？

有很多女人，之所以会选了今天的老公，大概是因为在前男友那里碰了壁的缘故。这情节特别像当年琼瑶作品《几度夕阳红》里的故事。故事虽然老套，但依旧在今天的现实社会中天天上演。

多情帅气富家公子何幕天，爱上人人喜欢的女学生梦竹，然后两个人意欲私奔，无奈梦竹知道幕天其实是有妻子的。于是幕天回去离婚，梦竹黯然等待。直到自己腹中有了胎儿，幕天也没有回转。无奈之下，梦竹才嫁给一直爱慕自己的穷学生杨明远。

而杨明远与梦竹的婚姻也并不幸福，一直在柴米油盐中挣扎，自己与何幕天的当年情，也被杨明远各种挖苦和提及。

这之后风采依旧的何幕天出现在生活千疮百孔的梦竹面前。幕天妻子去世，眼下单身，对梦竹依然深爱，而丈夫杨明远依然一事无成，挣扎在底层。摆在梦竹面前的选择，是如此截然相反的路。

到底是改嫁给有情于自己的幕天，还是继续陪有恩于自己的明远过苦日子？

几十年前的电视剧，很可能描述的，就是今人的纠葛。人在感情上，没有进化，人们依然恪守着某种传统的底线。

因为我们在爱着的时候，是有心的。别人对我们好，我们不是不知道回报。

“怎么办？”

每当有人问出我这三个字，其实我自己脑海里也没有什么特别好的可以提供的答案，因为所有的答案都必须针对不同人以及不同需求而言。

那么第一层答案，叫作飞蛾扑火，愿赌服输。

如果你真具备这样的资质，尽管随意凭心去做就好，别的都不用管，当然这样做的风险也是最大的，一般越是选择的时候随意，其结果也就越像是赌局。但这种选法对于我是不适合的，因为我早已习惯了顾及他人感受。

第二，就是权衡利弊，做中间人。

那么这一种呢，就是理智占上风的意思，抛开所有感情因素，让理智来代替自己选择，假装这件事根本就不是发生在自己身上，也许反倒容易出现答案。但是答案出来之后，你自己是不是愿意照做，则又是另外一个概念了。

这第三，就是拒绝鲁莽，交给时间。

为什么要交给时间？我至今相信，很多事情，只有时间才能帮我们检验出真假答案，就看你等不等得起了。一般能够用这个答案去选择的，其实也就说明你要做的事情，是不太被他人赞成的。有人说生命等不起。但我要说，人生也欠不起。没错，就是这样一个欠字，我觉得欠别人的无论是人情还是金钱都不好受，除非你对欠账早就已经习以为常。人活一世，既不能不想自己，也不能光想着自己。

有句话形容这种感觉，可能极为合适，也能帮类似姑娘们做一个决定。就是当年我需要你的时候，你没有在，那么自此之后，你也就不必在了。

我特别喜欢这句话所表现出的决断和霸气。一个在生死攸关的时刻丢下你的人，日后再怎么表白、陈词，也是不值得珍惜的。

那些结婚后才出现的“真爱”

是不是结婚后，就一定不会遇到另外的所爱了？

当然不是。很好的例子，叫作《廊桥遗梦》。

遇到所爱怎么办？最好的办法，是为了家人克制。克制不了怎么办？大概允许在家人不知道的情况下，内心偶尔泛滥成灾一下吧。

所以很多人看到电影中的伊斯特伍德，在雨中作别梅丽尔·斯特里普的时候，每个人的内心都在下雨。我觉得那是一种颇为高级的懂得以及贴近。

电影似乎给了我们最好的诠释。珍惜现有生活，把梦放在心里，不要轻易打破。尤其当你已经并不完全属于你自己的时候。有时候，我们属于家庭，属于爱人，属于孩子。

当年能够彼此相爱、交付、结婚、生子……也一定是浓烈地爱过的。那么后来觉得这份爱淡了，就应该丢弃吗？试问什么样的爱情，不会变淡呢？

你和你的新欢，也能保证一辈子的浓度吗？还是只顾眼前，不顾以后？

真正美好的爱，一定发乎情，止乎礼。

“后来我连家都搬了。”他这样告诉我，“其实那段日子，我过得非常痛苦。”

那天我们在上海的酒吧里坐着，他喝了好多酒，我从不知道他是这样能喝的一个人。曾凡很有酒量，但依然有了醉意，他拉着我的手，大着胆子对我说了惊心动魄的七个字“恨不相逢未嫁时”……那一刻，我呆住了，任他拽着我的手也不知道动弹。我们就这么坐着。其实那一天，就是想发生什么，也都能发生了。”

鉴别婚后真爱的最好试剂，不是泛滥，任洪水宣泄，而是克制，将爱深埋。

《婚外初夜》，是一部很早的韩国电影。描述了一个有老公有儿子的良家妇女，是如何被妹妹的男朋友所吸引，然后发展出一段匪夷所思的婚外情感的故事。

之所以定位为“婚外初夜”，绝对相当巧妙。在心理学上，对于很多事都有一个基于“第一次”的分析、界定和描述。也有网友直言，有太多不该发生的故事，都基于那个万恶的“第一次”。那么假若没有万恶的“第一次”，有太多悲剧没准就可以合理避免。因此古人所云的“慎行”还是有着一定的道理的，人们对于“第一次”的行为，往往缺乏约束和慎行，甚至会有“大不了就做那么一次的”轻描淡写。

殊不知大部分事，有一就有二，这几乎已经是一条铁定的真理。因此不要妄想你就一定会比别人聪明，别人有掉到井里的巧遇，你也同样。更不要妄想试图考验人性，人性其实是最不禁考验的。

这几天惊闻娱乐圈各种消息传出，且大部分是和男人女人有关。于是这个周末，人们在酒足饭饱之后，估计是不会缺少谈资的。可是当我们透过现象去看本质，就会发现所有的新闻也不过就是旧闻，所有的绯闻和艳遇，也不过就是在原有的故事之上，又换上了另外两个男女主角的名字。

有人觉得终生厮守是福，有人觉得遇到真爱是福。那么终生厮守的，也许并不相爱；遇到所谓真爱的，没准那真爱根本就是一件高级赝品。

最可笑的是，总有一些“婚外初夜”的人扬言，他之所以没有离开你，不过是出于某种责任。殊不知，爱的最高境界还就是责任。找不到责任感的“真爱”，其实是死无葬身之地的。

若有这样一个女人，能在关键时刻悬崖勒马，已经算是难得。但其实，这本该是一种本能的。

现如今，人们早就缺失了品尝那种一心一意的美好心境。总有人说，婚姻会葬送许多激情。这不过是可笑的借口而已。

如果婚姻必然会葬送激情，那岂不是和谁结婚都是如此？人们又何必因为这个借口，而频繁换手呢？所以有太多的换人以及换手，不过就是欲加之罪，何患无辞！

用一个刚结识的人的新鲜感，去和一个过了几年甚至几十年的旧人去比新鲜度，这本身就是不客观的，再说了，新人也早晚会成为旧人，那是不是再去找一个新人来呢？这肯定不是婚姻该有的答案。

说到这儿，你们是如何看待爱情的呢？

最近网络上有一段话说得非常好，大意是说，千万别因为哪个明星和哪个明星要分了，然后就说什么再也不相信爱情了，那根本就不是咱们应该操心的事。

你只需要看一下你的周围，你爸和你妈总还在一起吧？你姥姥和姥爷、爷爷和奶奶也都还在一处吧？既然大部分普通人都是可以白头到老的，那我们又何必替那些动辄就花个千百万的明星，去操那些没用的心思呢？人家爱不爱的，又关咱们小老百姓什么事呢？

一个人戏演多了，没准连他自己都分不清，自己究竟哪部分是真，哪部分是假的了。

感情的事，历来最是伤人，也最为扑朔迷离。有很多问题，其实是在相处之初，就已经埋下了，包括日后的背叛出轨，也是一样。

也许有一天，你会为了某人而不惜放弃一切也要出轨，但还有一种可能，就是当你真得到那个人之后，你又巴不得用所有的钱买一份后悔药来吃，像这样的例子简直太多了，所以爱情这件事，历来只有短期输赢，长期的话，恐怕谁都没法做真正的赢家。

进入围城之后

过了三十岁还没有出嫁的女人，总会有些心急。身边也不是没有人选，但终究那些人选看来看去，都很难成为夫君。也曾经抱定一定要找一个我爱的，然后他也爱我的人才能出嫁。但起起伏伏这些年总是没能找对人。

后来又做好“大不了独身主义一辈子”的准备，直到那一年，生了一场病，折腾得她死去活来，床前没有一个人照应着，父母都不知道她生病的事，只有几个朋友在病床前值班，那种凄凉感受，女人至此难忘。

病好后回到家中，身体尚未恢复，女人也只能自己照顾自己，有时候真的是连喝一碗水都找不到人给端。痛定思痛之下，她决定放弃对爱情的追逐，好好找一个归属。原来孤单和凄凉，是比没有爱情还要可怕的东西。

“乔飞是我出院后，第一个到家里来看我的人，他刚出差回来，听说了我的事，饭都没吃一口，就从机场打车来到我家里，他进门来看到我脸色蜡黄，先说要带我出去吃，后来看我兴趣不大，就扶我进屋躺好，转身就出门了，一会儿再回来的时候，手里提了很多超市的购物袋。转手就把我空了好些日子的冰箱给填满了，啤酒、鸡蛋、方便面、蛋糕、各种果汁饮料小食品以及速冻饺子包子都齐了，那一刻，我真的非常非常感动，那种被人照顾的感觉，好像还是第一次体会到似的。”

也正是因为这，女人终于答应了一直都在追求她的胖师兄的求婚，虽然她心里面最讨厌的就是胖子，但此时此刻也别无选择，她给自己规定的最后期限，就是必须要赶在本命年之前，把自己嫁出去。

如今女人和胖师兄结婚都快一年了，眼看着公婆和丈夫都一直在催她要个娃，但她就是过不去自己这道关，她不爱他，甚至偶尔还会觉得和他在一起很恶心，说到生孩子，就更不可能了，可是这生孩子的事，是能够糊涂拖下去的事情吗？

而爱情幻想，依然在不远处闪耀。虽然她现在已经有了丈夫，但还是没有爱情。这样的滋味，也是很难挨吧？

人常说，凡事让一步，殊不知有些事，让一就得让二，让二就得让三，直到最终让出底线为止。尤其当你“一”都没想清的时候，接下来的“二”“三”，就更让人难以接受。

这可能是两种不同的人生观吧，与之对应的，是“进”和“争”。

有人是喜欢凡事都争一下的，争完一争二、争完二争三，永无穷尽，当然总有没有什么可争的时候，那时候就该自己跟自己打仗了。人最终要攀登的，一定是自己，无论是熄灭欲望，还是激发潜能。

在我看来，一路退到底和一路争到底，都不算是很好掌控的人生，因为底线和上限不明。还有退的目的也不一样，有人是为自己退，有人是为别人退。

比如不得已结婚这件事，其实是在为自己退，碍不着和你结婚的那个人什么事，人家只是帮你完成这个愿望而已。

而做妻子当然要有做妻子的义务，不是说不可以丁克，而是丁克这件事，必须两个人达成协议才是。这样也免得耽误了别人，否则对于和你结婚的那个人，确实不公平。

要不就甘心情愿认了今天是人家的妻子，明天是人家的孩子妈这一事实。若实在对自己人生尚不确定，那就最好先不要生孩子，免得连累无辜小生命。

人有的时候是这样。病的时候，没人照顾的时候，多么渴求身旁有个人出现。结果人家出现了，你也感动了，提出可以嫁给他。现在你病好了，身心得到修复，却又觉得人家面目可憎了，不知道这算不算过河拆桥呢？

爱情确实不可勉强，但当你和他真的分开后，若再遇到什么波折，会不会又想起人家从前对你的种种好处？

说到底，人在福中要惜福。无论怎样选，都没错，但重要的是一定要想好。生活不能总由着你的性子，总是悔棋重来。当初想要结婚的是你，现在想要离开人家的还是你。到底哪一个，才是真的你呢？

这世上没有完美的生活，就像没有完美的爱人。

再美好的婚姻，也要有权利和义务部分，权利享受了，义务却不承担，不带这么玩的。婚姻肯定是要在互惠互利的前提下，才能往幸福中去。

眼下的生活，真的是你想要的吗

父母眼中的幸福，是这样。一表人才，四平八稳，彬彬有礼，青年才俊。但是女儿眼中的幸福，大概是这样，与男友一起文身、打耳洞、出去野玩儿到半夜，哪怕他喝完酒打女人，也不能阻拦那颗我要嫁给他的心。所以你看，女儿和爸妈，总是没法在同一个频道对话。

“最后我是这样劝服我爸妈的，反正我是不愿意跟他结婚的，如果你们非得逼我，我可以跟他，但跟完后再和别人出轨，那不是更把你们的脸都丢尽了，也更对不起他吗？我妈我爸听完脸儿都白了，我爸让我滚，然后我就滚了，滚到我喜欢的人那儿去了，和他一起住。基本三个月没回家，后来天凉了，需要拿衣服，也是我男朋友陪我去的，因为我怕我爸我妈真的会打我，没想到我家的门是虚掩的，你说这多危险啊，万一进去的不是我呢？然后我还看见我爸妈在睡午觉，当时我真的愣了，我爸头发全白了。”

你觉得我的生活很不堪，老爸对不起，只有这样的生活，才让我觉得更像是在活着。这几乎是很难调和的矛盾，因为他们之间，差了二十年，甚至三十年。

有些矛盾，跟个体无关，却跟时光有关。遥想老爸老妈二十岁的时候，和现在的女儿，想法上应该没太多差别。但四十岁的老爸老妈，就和现在的女儿有代沟了。然后当女儿也四十岁的时候，她们可能就能够理解，当年爸妈说过的那些话。因此理解这件事，只要跳开你眼下的时光点，就一点也不难。

有时候父母反对来反对去，反的很可能就是从前的那个自己。做儿女的，狡辩半天，对面站着的，其实恰是你的隐形未来。所以说到底，我们每个人都在跟时间做斗争。

据说在宇宙中，是没有所谓的时间的。所有时间点，就像中药铺子里的各种药材，密密麻麻地排列在一起，想看哪一年，只要拉开标有那一年的时间抽屉就可以了。

从这一角度上讲，穿越可能还真是存在的，过去与未来，都并列在一条线上，没有什么是真正未知的，一切都可以推算，一切都像是已知。就像我们遥望几十年后，想都不用想，就知道自己一定会老去一样。

人总是不甘于被包办婚姻，殊不知你正在做另外一笔买卖，叫作选择命运。

有时候你选择了一个怎样的男人，就像是生死棋一样，也意味着，你和这个男人原生态的家庭背景以及生活方式，从此以后就会产生勾连。

有些人好像聪明，但其实很傻，因为他们总是习惯于把别人都当傻子，好像被蒙上眼睛的瞎子，随他们把人往绝路上带。

还有些人，自以为选的是自己想要的，殊不知“喜欢的”和“适合的”，还是有着一定区别的。

一说到婚姻，大家都会引用那句话，叫作“鞋子舒服不舒服，只有脚知道”。就好像脚多明白似的，殊不知脚们其实都糊涂着呢。

又有哪双鞋子，不是通过这双脚试过之后，才买回家的呢？难道脚丫一时的喜欢，就代表永生永世的喜欢吗？

如果真那样的话，婚姻的好与坏，是与非，岂不简单得多。前几天某小姑娘18岁生日，然后她对我说，我终于明白很多我认为我喜欢的东西，其实都不适合我，而那些适合我的东西，由于总是能给我带来好处，于是我也就会慢慢喜欢上它。

真的就是这个道理，难为她18岁时就已经懂得。人总要明白什么才是真正适合自己的。

“迎难而上”这件事，不能总做，人最好能够顺遂命运，并在这顺遂中渐渐生出一双慧眼，来打量一下身处这份命运中的自己，想象下眼下这份生活，真的是你自己想要的吗？

我还知道有些话，现在去说，恐怕已经晚了。生米已经煮成熟饭，命运的船舶，已经启程。

老婆大人圈地运动

老公是“大众情人”这件事，可怎么办？而且这种大众情人，还不是“小鲜肉老公”或者“国民老公”那种大众情人。而是自己认为自己是，通过对别的女人耍暧昧和鞍前马后而获得。于是经常会有莫名其妙的女人为他争风吃醋，然后这男人还蛮享受这种感觉的。真的是喜欢怎么活着的人都有。

那么作为这样男人的老婆，究竟该如何是好？丢了不要？还是圈划领地，吓退那些胆敢入侵者？

正值七年之痒的女人，有一个比较幸福的家庭。唯一的不好就是老公最喜扎在女人堆儿里混。妻子以前并不知道他有这个毛病，是后来结婚了，和老公单位同事走动多了，大家有时候经常会聚会，她才发现自己的老公原来是个“大众情人”。

这还不算，他们公司居然还有两个女人正经为自己老公“争风吃醋”过，每次都争着在他面前说对方的坏话。一个岁数大点儿，离异；一个大学刚毕业岁数小，也是单身。

就为这一老一小，女人没少和老公吵，而老公也就只能和稀泥，有时候急了还会和老婆闹上两句。女人想让老公换个工作，但家里的大部分收入来源还都指望着他这份工作，万一换了工作薪水降了，女人也会觉得得不偿失。可是总这么工作下去，身边有这两枚定时炸弹在老公身边，女人当真是怎么想都不踏实……

“我在微信上不动声色，和那些缠绕在我老公身边的女人，我最主要的目的就是要告诉她们，这是我老公，你们谁都别打他的主意，这种感觉，就像是又回了母系氏族社会，女人们把男人当作战利品，画地为牢。同时告诉附近出入的其他母兽，这个男人是我的，谁要是碰他，格杀勿论。没办法，我必须要为我的家庭和小孩，变成一只看家护院的母兽。而老公，也是吃这一套的，我知道他和那些女人，也不过就是做做情感游戏，可能还没到真有什么的地步。所以我必须监督到底，绝不给他把暧昧变成出轨的可能。”

有些事“看上去很美”，婚姻关系，也莫不如是。

人们希求完整，总是需要代价的，那就是要容忍某些不和谐的因素，不然太过目下无尘，也就没法保证“玉碎”后的“瓦全”。

以前总觉得“玉碎”“瓦全”是人生两种不同选择。现在突然顿悟，那不是两种人生，而是人生的两个阶段，前提是无论“玉碎”还是“瓦全”，最珍贵的东西，已经被打碎了。有人收拾残片还能活，但有人，就只能抱着残片，一起埋葬。

想起从前看过的李碧华的书，她写到黄泉路的时候说，其实阴间也是有太阳的，只是白白的，并不刺眼，更像是月亮。

所以你看，无论好人的世界，还是坏人的世界，都会有真假太阳的存在，好人的世界是真太阳，坏人的世界是伪太阳，然后他们也会有伪真情、伪爱情、伪义气……这些真情上的假货，同样是可以赚一些眼泪以及自我感动的。

所以眼泪和自我感动并不能说明一切，没有人真认为自己是错的，杀人犯还有很多不得不杀人的理由呢，也都在法庭上痛哭流涕的。

有时候，人必须要心肠硬一点，不能被眼泪和狡辩所欺骗。而某些人的自我感动，也仅仅是你自己的自以为是和自我感动，如果抽出时间麻烦看一眼被你害、被你连累的那些人，你才能够明白，你自己所遭受的这一切苦，已经从宽了。

所以我赞同女人对老公进行一场“圈地运动”。这种感觉，就像是又回了母系氏族社会，女人们把男人当作战利品，画地为牢。同时告诉附近出入的其他母兽，这个男人是我的，谁要碰他，格杀勿论。

没办法，有时候，女人必须要为自己的家庭和小孩，变成一只看家护院的母兽。而男人，往往也是吃这一套的，女人不好惹，男人也许会老实些。这里的不好惹，不是耍泼妇，而是斗智斗勇，绝不给他把暧昧变成出轨的机会。

虽然这样一步步人防死盯未必管用。对于一颗想要出轨的心来说，没有任何防护，是可以起到作用的。而所有的严防死守，可能真不是为了做给男人看，而是为了做给那些外面的女人看。那些外面的女人，应该是更愿意“事半功倍”拣软的捏吧。

还是那句话，你以为不在原始社会，但其实还在原始社会。你以为不是原始森林，其实就是原始森林。对于女人自己主动站出来保卫婚姻这件事，我觉得还是很有必要。

有时候，时间也会失效

有这样一个姑娘。30 岁，未婚，多年来一直情路坎坷。

话说每一个大龄女，都曾有过一段差点进入婚姻的爱情，她也不例外。

她曾经很深刻地爱过一个男人，为此等了多年，但最终，他还是娶了别人，个中缘由，女人不愿多讲，这之后，她曾经沉寂过一段时间，再后来发现自己也应对未来有一个交代。于是频繁相亲，甚至有很多条件不当的也去见，然后还交往。交往之后的感觉，发现女人真的是不能太过降低条件，因为人最终是有圈子的，你的圈子和他的圈子如果完全不融合，其实你们两个也是难以融合的，比如朋友圈、亲戚圈等等。

“第一次接吻，我就感觉到某种很奇怪的情绪，我好像非常恶心这样的接触，我不喜欢他，真的，我讨厌他身上的味道，但是我也忍了。那一刻，我想起了之前那个人，那个让我等了七年，却也没有能够娶我的人，我想到了他身上的清洁和清香，于是我哭了。我这一哭，弄得他手忙脚乱的，他当然是不知道真实缘由，于是我又觉得自己很是过分，然后又很自责，便买了很多东西，陪他去给他爸爸庆祝生日”——

她和那男人几乎等于鸡同鸭讲，然后再加上两个完全不搭的家庭，最终导致的肯定是分手，分手之后，女人得出一条结论，女人真是不能下嫁，下嫁之后，直如凤凰掉进鸡窝里，其结果，只能是自取其辱。好比一件商品打折贱卖都还被挑三拣四的样子，说白了，那就不是你的客户群和受众。

人类很多的经验教训，都和自我遭遇有关。那么自我遭遇和经验是不是可以一直使用并引用下去？也不尽然。

又有一个女孩儿，因被各种现实教育，接受了一个条件并不如自己的男人。但是当她开始和男方交往，却发现男方不仅不珍惜她的这种屈就，反而还会有一种"吃甜咬脆"的情绪在，包括他的家人们。

比如"你条件这么好，怎么现在还没结婚？是不是做过小三儿"这样的话，居然都能问得出，也是醉了。搞得她自己也觉得自己是婚恋市场的残次品，就因为身上存在诸多污点，所以才会沦落得降价打折的命运。

其实那些直到现在都没有开花结果的女性，有很多都是完美主义者，或者理想主义者，我甚至可以打包票地说，她们大多都是无辜且善良的。若真想存心掠夺别人手里的幸福，这些人又何止被动到等到花季已过，还没出嫁呢？

真正对生活采取主动的活法，肯定不是这样，而是早就结婚了。与之相比，还有一些女性，是可以嫁完这个再马不停蹄嫁那个的，这嫁和嫁之间的微妙，大概就只有她自己能够说得清了。

如今坊间的很多文字，都在推销那种强者女人，女明星里像这样高调的也不少，总是跟完这个跟那个，永远情路喧嚣。不肯停歇。

女人们大多对于这样的女人顶礼膜拜，觉得她们很是有一种手腕和魔力，可以完全不被婚史和年龄所困。殊不知像这样的人，首先骨子里是要“狠”的。这种“狠”，倒不是杀人的“狠”，而是我行我素的“狠”。所以别人要想伤她，估计也近不得身。

我们必须要说，每个人都有每个人的造型和活法，有的女孩子像羊，有的女人像狼。那些大龄未嫁女，其实是羊类居多。所以软弱才是造成她们剩下的根本，但这软弱往往又是善良的标配。

能够又善良又强大地活着，是我们每个人，都想要去修炼和向往的。我身边就有连离三次、连嫁三次的女人，我必须负责任地说，她的后两任，全都是从别人那里抢来的，所以那种建立在别人眼泪上的幸福，我是瞧不上的。不管这种幸福有多风光，我都能看到这种甜蜜风光下面铺着的幸福白骨。

又有人说，时间是医治伤痛的良药。

但时间真的能医治一切吗？

有时候，时间能做的，就是把伤痛变成惯性，比如突然失去腿的人，可能最开始不习惯有义肢，但慢慢地，随着时间推移，也就习惯了这义肢的朝夕相伴，如影随形。

像这样的习惯，也不过就是一种对于残酷现实的低头和无奈。

人都有类似的复合能力。失恋也是一样，失恋之后，有人就对痛苦上了瘾，离开了这种痛苦，她会适应不了，遂自己就判定自己，未来已经不具备任何单独起飞以及拥抱幸福的能力。

女人有时候很健忘，但有时候，也很难忘。尤其对于伤过她却又被她深爱过的男人。这时候又想起那个著名的“荆棘鸟”的故事。有一种鸟，一生只泣血歌唱一次。

这一定是在说女人，难道会是说男人吗？

当然男人中也会有痴情种。但是，那是因为有的男人，长了一幅男人的外表和女人的内心。就好比我们会深刻感觉到，当年的女王武则天，其实是长了柔媚外表的“男人”。当然我指的是一个人内心的刚与柔，而不是真实的男或女。大多男女的表象，也不过就是一种外在的盔甲而已。

所以如今像男人的女人，和像女人的男人，貌似都有点普遍。那不过是他们把自己的内心展现出来罢了。

如果，我知道怎么戒掉你，那该多好

我认为最深沉的爱，莫过于你离开以后，我活成了你的样子。

如果你不爱我，我爱你就够了。

——《战地钟声》

我不想把你关进笼里，我想爱你。

——《蒂凡尼的早餐》

你不要说两次，说两次我就相信了。

——《旺角卡门》

我认为最深沉的爱，莫过于你离开以后，我活成了你的样子。

——《这个杀手不太冷》

我爱你不是因为你是谁，而是我在你面前可以是谁。

——《剪刀手爱德华》

所有的懦弱都出自没有爱或爱得不彻底，这两者一样。

——《午夜巴黎》

当一个女人的嘴里反复出现一个男人的名字时，无论是夸那个男人还是骂那个男人，潜台词都是我爱他。

——《虞美人盛开的山坡》

如果我知道怎么戒掉你，那该多好。

——《断背山》

在自己面前，应该一直留有一个地方，独自留在那里，然后去爱，不知道是什么，不知道是谁，不知道如何去爱，也不知道可以爱多久，只是等待一次爱情，也许永远都没有人，可是，这种等待，就是爱情本身。

——《冷山》

好的爱情是你通过一个人看到整个世界，坏的爱情是你为了一个人舍弃世界。

——《两小无猜》

“婚姻怎么选都是错的，长久的婚姻就是将错就错。”

——冯小刚《非诚勿扰 2》

爱，不是寻找一个完美的人，而是学会用完美的眼光，欣赏那个并不完美的人。

——宫崎骏《哈尔的移动城堡》

站在心爱的男孩的面前，需要他爱我的一个女孩。

——《诺丁山》

有一种男人，你很喜欢跟他在一起，但是要嫁给他，你又不会。

——《秋天的童话》

你花时间和你的家人在一起吗？我当然有。很好！不照顾家人的男人，根本算不上是个男人。

——《教父》

我心里有过你。

——《一代宗师》

一切都因为心甘

婚前变心叫劈腿，婚后变心叫出轨。

女孩一心一意想要嫁的人，居然一直脚踩两船，虽然事情挑明后，男人说最爱的是她。但是焉知道在那个人那里，他是不是也会这样说呢?

“也许在男人看来，这不算什么事情，但是对于女人，却是不同的。我真得好好想想，一想到他用拥抱过我的手拥抱过她，用看着我的眼睛凝望着她，我就要疯掉了。现在我什么都没有表现，我只是暂时不能答应他的求婚。他很迫切。说是家里逼得急。我爸妈也基本默许了我和他的状态，所以现在就看我点头了，只要我说可以，婚礼的事，简直就是现成的，他舅舅是开饭店的，酒席之类的根本不用愁，唯一的就是选一个度蜜月的地方，房子也早就预备下了。总之我曾经那么向往的婚礼，现在因为这样一个婚前劈腿事件，开始变得扑朔迷离”——

不是说只有婚内的背叛才伤人，只要是正处在热恋中的感情，猛然遭受劈腿，都会有天崩地陷、心如死灰的感觉。

女孩儿其实是在不知情的时候，被男友有机会脚踩两船。然后也是在女主完全不知情的时候，男主悄然回归。

这之后，男主有了对比，更加珍惜女主，并肯定了自己对女主的情感，坦然把自己的所有心路历程都向女主做了交代，本以为“坦白从宽”，孰料这“坦白”让一直沉浸在爱情梦里的女主，更加无所适从。

她受不了真相的残酷，于是顺着真相的绳索，一路追究探寻下去，不断追问男主与另外一个女人的各种细节发展，仿佛一场绝地反击，绝不给对方重新做人的机会，这让男主简直后悔把这一切对女主讲出来。可是他又真的爱她，甚至想要娶她。

这时候最为纠结痛苦的人，就是女主。

要这个男人吧？可他已经有了前科，背叛过自己；

不要这个男人？但自己又爱他，除了他，不知道还能嫁给谁。

此时此刻，请不要事不关己地站在岸上说，谁让女主那么不明事理，不过一个男人而已，要就要，不要就不要，有这么难选吗？

我觉得这都是风凉话，事情真摊到自己身上，就知道什么叫难选了。

如果凡事都能找出一个对错，那还会有“多答题”和“选择题”吗？

这件事已经出了一段时间了。而女孩儿直到今天还在犹豫。

这种犹豫和权衡，也许正是她开始走向成熟的见证。

至少男友劈腿这件事，他们两边的家人，都还不知道。这其实也是女孩儿在给自己和男友一个面子和缓冲。而男友在这一点上，是非常感激她的。这也是女孩儿聪明和理智的地方。

女孩儿问我，懂得权衡，难道不是一种悲哀吗？

人生既走一步看一步，同时也是多种多样。

任何事都没有最佳答案，有失必有得，有时候我们只能选择伤害最小的那个，还有一种极为悲壮的活法，叫作“宁为玉碎、不为瓦全”。

最近听到一个极有煽动性的演讲，大意是说“谈一场‘不以结婚为目的’的恋爱”。直搞得一众红尘男女热血沸腾，纷纷想要纵身情海一试。

但不以结婚为目的，那以什么为目的呢？

文中说，“以结婚为目的的恋爱就叫作功利”，好比以挣钱和养家糊口为目的的工作就叫作出卖一样，那我想世上大部分产业都要关门了，然后大部分的家庭都要饿肚子，最后喝着西北风被那些最会卖概念的人忽悠。

殊不知那些卖概念给你的人，他们自己活得美极了。有吃有喝、有酒有肉，极为接地气。

因此在这个信息碎片化的年代，首先要学会甄别，与其看一个人说，不如看他怎么生活，那才是最真实的表象。

做选择也是一样。

撇开外界一众声音，丢掉那些面子里子，只来问问自己的心。

你是不是还愿意，再给他和自己，一次重新活过的可能？

怜取眼前人

爱就是爱，不爱就是不爱。

女人身边围绕着两个男人，一个是自己爱的，一个是爱自己的。

自己爱的那个，百般不顺当，除了自己中意他之外，好像也没什么显著的优点。爱自己的那个，倒是各方面都还不错，当真没什么不好，除了自己不爱他之外。

别人不理解，心想女人你是不是瞎啊？放着这么好的男人不要，非要拣难啃的骨头来，简直自讨苦吃。

但是真的没办法，如果不爱，还就是看着哪哪儿都生厌。

“有一次，他送我去车站，告别时，他特别僵硬地抱了抱我，我没敢动，但心里面是不情愿的，但想想他一直对我这样好，就忍了，可是那种感觉真的非常别扭。还有一次，他开着车子，我坐在他旁边。他突然伸出手来碰了一下我的手。我顿时心里生出一种既恶心又反胃的感觉，那种感觉直到今天我还能感觉得到。总之我们之间，真的不可能”——

韩剧里永远都会有一个深情男二号，或者心机女二号的存在。一段姻缘，往往就因为这男二、女二的出现，而显得平白多了很多的看点和周折。

韩剧里的男二基本都是情种的代名词，比如《来自星星的你》里的辉京。你都敏俊痴情，我辉京比你也不差。你都敏俊有钱，我辉京也是财力吓人。你都敏俊通古论今，我辉京的智商也不是吃素的。

两个人都属长腿欧巴，又都痴情得全世界只装得下“二千”一个人，真的是怎么想都百思不得其解，这“二千”是不是上辈子拯救了银河系，不然她的命，怎么可以这么好？

话又说回来，电视剧终究只是电视剧，现实生活当然不会这么完美。

现实生活中的都敏俊，很可能脾气臭还没工作，然后时不时还会被个把“女小三儿”利用苦肉计勾引了去；而辉京也有可能并没多帅，虽然痴情是有一些，但个人条件也是乏善可陈，能够供他选择的姑娘不多，所以情愿一棵树上吊死。

总之，面对两个绝色和极品，和面对两个凡夫俗子，在做选择的时候，其纠结程度真的是一样的。除非这两个人云泥之别，高下立现。自然想都不用想， 麻利地就跟着那个云结婚去了，撇下泥一个人望洋兴叹。

所以有时候之所以犹豫，恐怕是因为两个人，都不能足够使你满意。

我喜欢分析答案的感觉。

有时候了知了自己的念头，然后选择也就不会纠结了。

只有不知道自己真正要什么的人，才会在那里纠结来纠结去的。

人生最怕患得患失。

总是感慨 A 没有 B 的外貌，B 没有 A 的财力之类。然后接下来就会是 A

让你绝望的时候想 B，B 让你伤心的时候盼 A。

从此后，A、B 于你都不是合格的爱人，而是互为疗伤药的奇异组合。

任何女孩子到了三十岁，基本都过了可以跟一个男人浪迹天涯的年龄，那都是年轻时会做出的事，三十岁的女孩子，是可以很现实地为自己打算的。

而男人如果到了三十岁，还做着和女人一样情奔天涯的梦，那多半也是出于一种对现实的逃避。所以才会有只开花不结果的情况出现。

针对这样两个人，要么两个捆在一处都别长大，要么一个长了另外一个还停留着，反正不管怎样，都不是一个稳定的状态就对了。

所谓稳定的状态，可能还都跟主流价值观有关。成家立业生娃，这么多人都这么过来了，怎么到你们这儿，就这么难呢？

更不要做那种，把两个人身上的优点，混合到一个人身上的梦。

女汉子的“玻璃心”

女人已经34岁了，80后，未婚，生活一点都不禁蹉跎，就这么糊里糊涂地大了。父母对于她的婚姻大事早就像火烧眉毛一般。但女孩儿这边还就是没一点动静，她非常不适合相亲，因为她要不打扮古怪，要不打扮中性，总是会让人产生奇异的错觉。

至少，她不是那种一眼望去就可以娶进门的姑娘，而是看上去充满不好搞定的麻烦、十分边缘化。但其实女孩子的内心，还都是一样的。也知道害羞，害怕独处，害怕打雷，虽然说话走路女汉子气爆棚，但其实那都是假象。

“对于婚姻，我又是向往，又是恐惧。向往在于我真的不愿意一个人待着，每次回到租来的小屋里，我心里就有一种特别沉痛的感觉，小屋的采光特别不好，接近半地下室的样子，每次我透过那个小小的窗子往外看的时候，就会觉得特别绝望。你没去过我家，我家的壁纸全都是向日葵，那是我选的，因为我觉得向日葵代表了某种对于阳光的渴望，我一直都幻想能够有一个骑士样的男人把我带走，就像阳光一样，将我的生活照亮。”

她非常渴望能够有一个男性的肩膀靠上去。可是身边也得有能给她这般感觉的男性才是。只可惜身边大部分男性，一个个都很“娘娘腔”，简直比自己这个女人还要像女人。

女孩的口头禅是，天底下的好男人难道都死绝了？她这样说的时候，一只手拿着烟，一只手叉着腰，估计就是真想和她有什么的男人，也会被她这副造型吓得魂飞魄散、掉头跑掉的。

参加一档相亲节目，发现女孩们，越来越喜欢自嘲是“女汉子”，就像男生自比“屌丝”，想必其中是颇含了几分令人玩味的心酸。

据我所知真正的女汉子，反倒是那些内心狂野，外表娇滴滴的姐妹，敢去蹦极、敢吃炸虫子，可以一个人走夜路，半夜看鬼片兴奋得哇哇大叫……偏生她们又实在太聪明，用娇软的壳掩饰住了自己内心的爷性。

而男人们又习惯于相信这种眼睛见到的假象，或者用另外一种说法，这个世界，依然是看脸的。

即使是小说家，也会把剧中跌宕起伏的女主角写美，不然就没法跟“抱着书本做白日梦”的读者交代。

“搬家的时候，都是我那些哥们儿帮的忙，只可惜他们只能是我的哥们儿。在他们眼中，我就是和他们一样的汉子或者爷们儿。我的中性打扮，我的举止，我抽烟的样子，有时候还会和他们飙酒，我很有酒量，啤酒能连喝几瓶，就是男人，都能让我给喝怵了。其实到后面我就不行了，可是一上来的感觉特别吓人。所以凡是跟我喝过酒的，当即就都被我给镇唬住了。

我有过两次非常失败的相亲，都是亲戚们介绍的，我也是被逼无奈才去的。去了之后，我觉得那些男人都非常无礼，从上到下、肆无忌惮地打量你，然后还会提出很多在我看来很奇怪、很侮辱人的问题，反正我就差拂袖而去了，半点都没给他们留面子。

所以导致相亲失败的后果很严重，我妈妈和那些亲戚彻底反目，然后这些人还到处散步关于我的谣言，把我爸都给气病了。这之后，我就再也不相亲了，而我爸妈也再也不敢张罗着让我相亲，一方面他们气那些亲戚是非，一方面也觉得我给他们丢了人。

这恐怕是最坏的结果了，我现在一个人住在外面，仿佛自生自灭似的，需要人的时候，永远可以招呼来一堆哥们儿，但就是没有一个，是那个对你最重要的真命天子。

他们有了喜讯，都会第一个来告诉我，那些女孩子，本来对我是怀有敌意的， 但是当她们见到我的时候，立刻敌意消除，发现这根本就不是一个潜在的情敌，所以放心地让她们的男人和我继续做好哥们，甚至有时候还会拿我当个知心人，倾诉下恋情。像这样的状况，已经持续好几年了，我真不知道该怎样去打破和转变。”

这就是女汉子最为真实的内心独白。她们假装无所谓，假装粗线条，放烟雾弹掩护自己，迷惑别人，但其实她们的内心，没有一时一刻，是不敏感的，是不受伤的。

好女生究竟是什么样？你们谁会有答案？女人眼中的好女生和男人眼中的好女生，是不是同一个标准？我来告诉你们，答案肯定不是。

都说男人看女人和女人看女人不同，这是真的，不信你就随便找一个女明星出来，问下男人对她的观感，就知道了，绝对和女人堆里对这明星的议论不同。所以每当女生费劲巴拉去揣测男生的时候，男人们想的没准又是另外一码子事，男人也从来不会很真正地了解女人，而两性之爱，恰是在这误解中产生。

宁愿普通过生活

现代女性何苦要把自己打造得完美无瑕呢？我总觉得这是一个陷阱。

就像看体育比赛，运动员们自己打破自己创下的纪录，这也只能是在运动场上吧。生活里的话，自己突破自己这件事，简直就是自己勒死自己的一根绳。凭你是谁，早晚有你突破不了的极限，到时候怎么办？人生毕竟不是比赛。

你突破不了自己，别人对你不满意，你对自己更不满意。是不是就无路可走了？人为什么每时每刻都要奔跑着前进呢？活着真的要像火车头一样拼命向前跑吗？沿途的景致，你是不是已经忽略太多？

“在他看来，我就是一个踩了狗屎运的女人。其实我挣钱还不是为了这个家，但越是这样，他越是不买账，经常挂在嘴头上的一句话就是，我可没吃你的，没喝你的。我能说什么？我只能说，我知道。然后他又说了，这个家要是没有我，能有今天吗？我赶紧点头称是，一再表明没有他，就没有我。我都这样了，他还不满意。各种冷嘲热讽，说话夹枪带棒。我也只能听着，不然就会一直争执下去。说真的，我在外面挺累的。我真的没有这个劲头去和他争了。我现在只想回到家清净一点，怎么就怎么难？”

我们都知道，很多思考，不过是“夜晚千条路，白天卖豆腐”。终究，是会化作一团空气的。假如一个人满脑子都是“做大做强”和“竞争”这样的字眼，任谁也挽回不了她早晚会累死沙场的结局。

这可能也是我这个人没法获得太大成功的原因，我终于找到其中差距，第一我对自己不够狠，第二我对他人也不够狠。我们的人生目标，从根本上就是不同的。

对我来说，沿途永远比目的地重要。我就是出去旅行，也是从不去景点儿的，更不设所谓攻略，而是来到一个地方，住下来，然后变成那里的人，每天睡到自然醒，闲逛在街头，遇到什么算什么，遇到什么都是惊喜和信手拈来。哪怕著名景点就在离自己酒店不足一公里的地方，我都懒得移步，就是懒得移步。没有什么比闲适更重要。

想必大家能够明白，如此贪恋闲适的人，回到现实生活里，必定是要陀螺一般飞转的。所以我才不想好不容易放个假，又成为了一只插在旅游景点中的夺命飞螺。

我形容自己，平时活得像“疯驴”，度假就要像“萌猪”。反之，那些平时生活中就已经两点一线像“萌猪”的人，度假的时候，不妨做一回“疯驴”。

一切的美，皆因差异而产生。

看到朋友不顾一切忙碌各种项目去证明自己，我反倒爱那些宁愿少挣一点钱，也要过侍花弄草、陪伴家人的日子。钱多少算够呢？书多少算多呢？

说到底，每个人都是自己性格的奴隶。你的选择，已经彰显了你的结局。我可以闲适慵懒地生活，但我必定要放弃掉更多的机会以及机遇，包括不必有的花钱欲望。

现代人太喜欢花钱买服务，反而忽略了那些不必花钱，就能拥有的珍贵大礼。比如阳光、清风、绿叶、四季、音乐、绘画、艺术、诗歌、烹饪以及品尝。我觉得单是这些，就足够我享用了，所以在做普通人和厉害人之间，我永远选择前者。

现在不仅女人和女人竞争，男人和男人也竞争，还有小孩子，生下来就懂得攀比。同学之间，同事之间，兄弟姐妹之间，凡是能够比得到的地方，大家一定会欢快地比起来。

甚至有人说，竞争才能带来发展。如果竞争真的能够带来发展，也很可能是恶性发展，或者短期效益。当每个人都想拿第一的时候，良性竞争就很难维持，人的欲望毕竟无止境，所以奥运会也要测一下运动员是否服用了兴奋剂。

于是我们会看到千篇一律的价值观和世界观。人的个性化在竞争中被磨平，追求最大效益，让我们甚至要比时间跑得快。

在这样一种人人高速运转的状态下，有人继续过着自己的小日子，不与任何人攀比。你可以说我无能，可以说我软弱，可以说我在强手如林的领域中败下阵来。这又有什么紧要？你们又能做几天的强者？一个人在她小小的世界内，认真努力美好地生活，就足够了。很多成绩不必做给别人看，就像你穿了很舒服的内衣，也并不需要到处宣扬。换言之，自己知道自己的好，没准是一种更为强大内心也未可知。

所以女人们拼命向前奔跑，生怕自己有一个不完美，就会败下阵来。妆容要精致，包包要奢侈，钻石要够闪，翡翠要够绿，同时孩子要够争气、老公要够忠心，车子要够名贵，小区要够高端。当然这些都还不足够。未来还需要更多的好叠加在一起，才算过足瘾，不白活。

比如厨艺精湛，还想茶艺过人，各种鉴赏力均能达标，最好琴棋书画、艺术收藏、诗词歌赋、身心灵一块儿荡涤，瑜伽、普拉提、拉丁舞，哪个都不可不试……

最好笑的是，即使当代女子们已经超越了当年秦淮八艳的才艺和美貌，却也依然挡不住丈夫想要变心的步伐。很多女人跑来问我，我这么完美，他怎么还会被不如我的吸引去？被不如太太的女人吸引，如今也成为了一种潮流。

不可否认的是，太太再是名贵花朵，野草也有野草的情致。《红楼梦》在几百年前就为我们做出了诠释，王熙凤足够美貌，身世显赫，人又机灵出名，但照样会有什么不入流的多浑虫的老婆或者鲍二家的之类，跳出来恶心她和贾琏的婚姻。

人与人的吸引，有时候并不根植于优秀，而是差异，是完全不同。另一个样子的生物，会让人感到新鲜。

因此完美的最大漏洞，就是变得雷同，失去特性。诚然，你很精致，但是像你一样精致的女子，当今真是要多少有多少。脸庞不好，都可以带了护照出国去修。精致多了，粗糙反倒成一盘儿菜了。人们总是感慨二十年前的女明星更多姿，那也是因为，没有人哭着喊着做锥子脸。那时候，艺人都在做自己，所以才格外让人惦记和怀念。

有些选择之所以被称作“成熟的处理”，就是因为它既成全了别人，也成全了自己。人生在世，原本也不是一个非黑即白的世界，很多时候，是需要人们低一低头缩一下手的。当然有人是这辈子都不会低一寸头的；有人又是只有底线问题不退缩，其他倒都好说；还有人，是眉毛胡子一把抓的囫囵账……这许多的人生，无所谓哪一个更痛快更欢乐，反正是痛快有痛快的代价，隐忍有隐忍的委屈。

男人有时候会像那种比赛中的胜利者，一直都是各种鲜花掌声围绕，偶尔一次失利，立马就受不了了。而女人呢，又有点像是人生跑道上的黑马，突然间斜刺里冲出来，让整个世界惊叹。

这时候最不舒服的，肯定是那个原先被界定为冠军的人。但其实，这就是男人的不坚韧了。从小到大，我们只教育男人强，却总是缺乏韧。真正的强，是有韧性的怎么压都压不弯。

找一个能和你互补的人

男人和女人间的生理年龄，确实并不意味着心理年龄。女孩子在感情上早熟。男人在感情上晚熟、甚至不熟。男人想要感情成熟，需要诱因，而女人不需要。女人是可以自体成熟的，哪怕她从来没有遇到过爱情。在她心里，可能已经对那个未知的爱人，描摹过多次了。

因此当一个男人走向你的时候，你可能一下子就知道，这个人究竟是不是属于你？或者你当时就有一种感知，他是我的。于是你们就真的开始了。你盯着他的目光不放，看得他无处躲藏。他终于出击邀你吃个饭，你表现得模棱两可，其实心里欣喜若狂。因为这一切，都是你导演出来的。或者说，是在你的催眠下，导致他做出的邀请决定。

你看，这就是女人，虽然年纪小，但却古灵精怪，部署成熟。而男人，真的是下半身生物，行动大于脑子。也或者，对于情事，他们本就不太上心，根本没有上升到脑子的高度。这是男女之间的一个差异和误区。

女人真正情窦初开之后，就开始调动全部细胞去服务于将会到来的爱情。男人不然，男人有男人的世界。我们既不妄想，也不猜测。他可能把全身心的注意力都放在车模上或者“天天爱消除”上也未可知。

男人凡事服务于兴趣。对女人也是兴趣之一种，却并非全部。以男女在爱情上动用的力量来看，男人当然不是女人的对手。然而由于他们并不需要投入太多，所以即使失败，也不至于功亏一篑。女人则不同，输与赢，都是满盘的。所以女人固然聪明，却依然是爱情里的弱者。

那么爱情里的强者女人有没有？有。那些女人，就跟女皇武则天一样，外表是女人，骨子却是男人。所以她们既得天下，也得男人。

于是我们看到这样一个男人。

四十二岁，居然未婚，没怎么正式交往过女友，直到遇到比他小十六岁的女孩儿。在此之前，男人一直和父母同住。两个人之间交往和同居，也都是女孩子提出来的。然后女孩子带着他找房子，教他干家务，鼓动他从家里搬出来……这一切，让男人的父母非常痛恨女孩的出现，也让男人感到从未有过的新鲜。

他一直惧怕走出家门，但原来走出家门的滋味还不错。两个人一起过日子，租房子，女孩子会做饭，一天打数份工，下班还会捎只鸡腿给他。这让他顿时尝到甜头，于是他想像个男人那样，提出结婚。结果女孩儿不答应，说，再等等，时机还不成熟。这男人就被动地等。

他们之间，很明显是小十六岁的女孩子充当了家庭中的男人角色和顶梁柱。一切重要的事情，都是她来做主，男人只负责听从。

“她经常带我去那些年轻人出入的场所，比如溜冰场，再不就是游乐场，还有鬼怪屋什么的，反正遇到那些激烈运动，我心脏是真有些受不了，我们平时和单位里的人出去，最大的娱乐，也就是去 KTV 唱个歌，再不就是去做个足疗。她每次看到我傻呆呆的样子就很想笑！到游乐场去，她吃棉花糖，也给我买，然后她买个米奇的发卡，也给我买了个。总之，我每次都觉得自己像是个呆子或者傻子，但她偏偏喜欢我这副呆呆的样子。她喜欢在私底下叫我熊猫儿，她说，我虽然比她大二十岁，但大部分时候，我都会像熊猫一样笨和慢热。”

那么这样好不好？也没问题。反正一个家庭中，总要有一男一女两个角色，至于谁是男谁是女，倒也不是很重要。很多人的外在和内心是唱反调的。出现问题的，反倒是那些男女角色雷同的家庭。看似是一男一女，其实骨子里，要么是两个强权男，要么是两个示弱女，那么前者会鸡吵鹅斗、争执不休；后者会遇事混乱，全无主见。

现在人已经开明得多，“男主外女主内”的格局，也渐进被每家每户的现实所打破。

至于这份相差十六岁的爱情，究竟是不是能修成正果，我们并不知道。但毋庸置疑的是，这份成长，对于一个已经四十二岁还依偎在父母身边的男人而言，绝对是需要的。甚至是迟来的。用这样的词汇去描述一个大男人或许有些过分。但如果你去看一看其他四十二岁的男人，都正在做什么，就会明白他的现状会是多么奇特。

难道是因为独生子的缘故？有这个可能。回溯到四十年前，家家户户应该都是至少两三个孩子的。而男人的成长，从童年期的时候，就被独立并保护起来，也可以说是从同龄人中割裂出来。他父母感情并不好，因此有了他之后，就再也没有生育别的孩子的念头。然后他就成了他们的重中之重，并承载了所有感情的出口。尤其妈妈，简直就像把儿子当成了丈夫，直到现在，还有带着儿子逛街的习惯……

男人现在最担心的，是女孩子嫌弃他的年龄。但如果把两个人的心理年龄也都叠加在一起的话，这问题好像也就不算是问题了。

每一段婚姻或者感情中大概都有它的实用部分，有时候决定婚姻或者感情是否能够长久走下去，还真跟情感的深浅关系不是很大，而是你们的爱情，是不是能够兵来将挡、水来土掩？足够实用？这才是问题关键。

男友是“妈宝男”怎么办

很多男生“听妈妈的话”，简直听到令人发指。

其实不是说不要听妈妈的话，而是听话这件事，也得分哪个阶段。比如你跟你女朋友之间的一些事，真的不应该让父母过多地参与进来。

不然的话，女友简直就不是在和你谈恋爱，而是在和你妈妈谈。一般母性气息浓厚的家庭，父亲那一方基本形同虚设。做妈妈的在这个三口之家里颐指气使惯了，也就不再把儿子的个人意见当回事。

“接下来就是等消息的阶段。我觉得女孩子在这个时候怎么也该矜持一些，结果一等就是三个月，他竟然一句回话都没给我。我最后按捺不住只好主动问了，你猜他怎么说？他说他妈说的，近两年都不可以结婚，说已经找人给我们看过了，如果现在结婚，大凶，对婆家人不吉。我当时就觉得这都哪儿的事啊？还不是就为了拖来拖去不跟我结婚吗？两年时间，黄花菜都得等凉了，而且谁知道两年后，他还会不会跟我结呢？他这人，从来就没有特别稳定的主意，耳朵特别软，如果他妈让他跟我分，我想他就是再不想分，都不敢违抗他妈。”

前阵子电视里又开始重播《茜茜公主》。茜茜和国王弗兰茨的爱情婚姻，无不掺杂了苏菲皇太后的各种意见。当然弗兰茨还算是非常有主见的儿子，但依然会在情绪脆弱时，被苏菲的一些话所左右和影响。

也正是基于这样一种家庭模式，身为儿子的那一方，从小看惯了父亲对于母亲的听命，于是使得自己的个性也十分软弱。对于妈妈的意见，大部分都是听从的。这也导致了他自己在婚姻上总是不顺。就好像当年在学校里被欺负，也是妈妈上；然后爸爸没有被涨工资，也依然是妈妈上。

但是人生啊人生，总有妈妈上了也不顶用的时候。现在的女孩儿肯逆来顺受的少，即使再爱你，她也需要个人生活，以及小家的自由。社会上把这一类男人叫作“奶瓶男”，或者“妈宝男”。

如果你是女孩儿，却爱上这样一个男人，你该如何是好呢？

很多年轻人大概不知道，任何两个人在恋爱中遇到的问题，如不好好及时解决，未来也一定会在婚姻中遇到，因此恋爱无小事。千万不要幻想有些事不用去处理，放置一段时间，自然可以发酵，甚至风过了无痕。

那都是懒人的逃避。放置久了，只能霉烂，或者演变成更严重的问题也未可知。因此在恋爱中学会处理协调好与对方家庭之间的关系，是尤其重要的一课。

当然假如你们不打算结婚的话，就算了。一旦决定结婚，那最好把很多不好的苗头都消化在婚前。

婚前立好规矩和底线，可能会比婚后要有效十倍，因为你们这时候还都把对方看成第一位，不是相当熟悉，不似婚后彼此都熟络得比亲情还亲情，那时候，很有可能忽略掉对方的感受，同时慢慢地，也就失去了对彼此的照护。

为什么大家都说爱情一旦演变为亲情，就会觉得差了很多的意味？那就是因为，人们对于亲情是不需要伪装和设防的，而过于大撒把的相处，其实是容易将两个人的关系逼至死胡同。所以不要天真地存有那种“将来嫁给他了，肯定会有所改善”之类的想法。现在假如不改善，将来再改善就难了。

所以我们才会发现一对相爱的人，一旦到了准备筹划婚礼细节上的时候，立马儿就变得功利和势力起来，这其实就是要步入鸡毛琐事生活的证明。都说爱情死于细节，也许吧，这种细节，也就是日后那种相互忽视后的淡然与心寒。

因此两个人之间的感情步骤，如果暂时不能结婚，是不是可以先订婚呢？也算是给彼此的一个节奏上的交代和缓冲，至少能够印证双方彼此的诚意。

我们说，不仅女孩子的家庭模式可以决定未来性格，男孩子也是一样。尤其是那种母性系统过于强大的家庭，一般父亲对母亲言听计从的话，儿子也很难逃出此类模板。

他想要找的，或者最终找的，也一定是类似母亲的那一类女性。因为第一，他在这样的女性身边会有安全感；其次，也只有这一类女性才能长期和他母亲进行家庭权力上的抗衡。不然一个过于强势的婆婆，是会让一个柔顺哀婉的媳妇土崩瓦解的。

当然还有一种另类的“柔顺哀婉”，就是你爱说什么说什么，我也不急，但就当耳旁风，该怎么着怎么着。但这种“柔顺哀婉”的前提是，你的丈夫必须力挺你。

说到底，家庭这种模式或者体系，从古至今都是女人之间或者说女主人之间的争斗。其实最好的情况是“一碗汤”的距离，大家平时“井水不犯河水”，关键时刻，一马当先就可以了。

只可惜我们平时最常见的，正好相反，没事儿的时候天天凑在一处，一旦有事了，立马做鸟散状！因此品人也罢，品媳妇也罢，真的是需要日久见人心的。

清清白白地去爱一个人

背叛真的是只有遭遇过的人，才能体会出的苦涩滋味。这又是所有爱情，都最害怕的一个点，也是很多挖了别人墙脚之后的人们，最自鸣得意的部分。

他们自以为做了这样的事，就等于征服了全世界。然而这种胜利并不能买来他们内心的安定。相反地，凡是这样谋取所谓爱情胜利的人，基本也都会更加防范着，这用不名誉手段巧取豪夺来的“爱情”，会被人以同样的方式骗走。

因此但凡那些与婚外情结合在一起的人，都会患上一种心病，他们在人背后患得患失，人前却必须要表演出幸福。仿佛这幸福，已经不是他们一家子的私事，而是一件可以放在桌面上，任人嚼舌根子的公事。于是长此以往，他们早就忘了，自己为什么要和眼下这个人在一起，难道是为了更累吗？

“现在回想起来，当初我们分手那一幕，没准是他故意演给我看的，找一个人，到我们住的地方，然后故意缠绵，然后算准时间我会出现，然后他又是那么了解我，知道我肯定对于这种事眼里不揉沙子，于是一切肯定会瞬时解决掉。总之我那天都要气疯了，那姑娘居然大言不惭地倒在他怀里看着我，我想甩一个嘴巴给她，却被他拦住了，质问我，你电视剧看多了吧？毕竟你还不是我老婆呢！这句话真真就像是打在我脸上的一个巴掌，我当时就被镇住了。”

我一向支持简单的爱情，这种简单是说，爱情中最好只有两个人的元素。哪怕是两个家庭的元素，那也是两个人爱情果树上的分支，而不是别的什么其他树种又被嫁接进来。好的爱情，真的不是随意泛滥，而是克制。克制下才有深情和真情，随意泛滥的，是蒲公英的种子，飘到哪里，是哪里。

把哪里都当故乡的人，也断不会把你当作今生唯一归属。爱情要找的滋味，当然是归属，而非漂泊，所以我们需要屋檐，需要被子，需要四壁，需要温暖的灯光，需要拥抱，需要默契以及懂得。这些都不是为漂泊安排的，而是为了静下来和定下来。

当我们以“真爱”为借口，去背叛他人，或者打破别人好不容易建立起来的安定与宁静，那个时候，真爱这个词，就会显得肮脏极了。

因此这个可怜的词汇，曾经汇集了人类所有的美好愿景，但却在近些年，因为被不怀好意的人各种借用，这个词现在也没法要了。我们每次听到有些人拉着手，漠视他们带给别人的眼泪和痛苦，然后告诉我们说，他们才是真爱的时候。我们就会又想哭，又想笑。笑也是苦笑，哭却是为那可怜的前情在不值。

所以什么是真爱呢？对不起。当然是时间。不能被时间验证的，那只叫动物版的激情。哪怕你们一见面，再电闪雷鸣，也还是动物般的激烈而已。

尤其有人会漠视岁月、漠视时间，甚至觉得认识得久长，反而成了弱项……

就好像她自己是可以吃了长生不老药似的，能够永远青春下去。一个在青春里的姑娘，却去和一个中年女子抢夫君，这真不知道到底是一种自信呢还是不自信？这都是再可笑不过的事情，因为你漠视的一切，你终将经历。

所以没有婚姻的果，那朵爱情的花又有何用？

喜欢上自诩风流的男人，人家绝不会为了一个女人放弃整个花丛。他的每一任女人都在等，以为他对待自己，终究是会有所不同。这就是寻常女子的梦。深信男人的花言巧语，不知道这世间唯有娶字才是爱的证明。所以在一个又一个自己编织的谎言里，等了又等。

殊不知二十年前的大美人林青霞，都果断嫁给了样貌完全没法和秦汉比的邢李源。林青霞既是决断，也是心死。这段感情纠缠了足有二十年。她最好的岁月，都给了那个演绎出无数深情款款角色的男子。华人中五十年才出一个绝代佳人，也不过最终安了命运。

所以感情必须是要“功利性”的。这种功利，叫作嫁。不要跟我说，“不在乎天长地久，只在乎曾经拥有”。

前阵子这句话再次被刷爆朋友圈，却是有着让人泪崩的功效！原来这是一则二十年前由广告奇才朱家鼎制作的某著名手表品牌的广告，邀请了依然意气风发的周润发和人淡如菊的吴倩莲来做主演。对那则广告故事有兴趣的话，你们可以自己搜搜看。

我们常说的这句“不在乎天长地久，只在乎曾经拥有”的广告词，在片尾处，被用粤语的方式说出来，实在催人泪下，感人至深。那是一个新婚妻子送丈夫上战场的故事。不是不想拥有，实在是不能拥有，因为生死有别。而这样天长地久的情感，最终是以新婚妻子为丈夫殉情画上了句号。

所以这部广告片被重新挖掘的同时，也为这句被人人借用的广告语进行了正名。曾几何时，多少人用这句话，来证明他们并不为人所接受的爱情。真的对不起，请还我们一个清白，就像还“真爱”一个清白一样。

从小没被爱，终究是亏欠

有一种很烂的婚姻方式，但却被认为很好，叫作相敬如宾。这真是只要面子，不要里子。

“即便是爸爸递给妈妈一碗水，妈妈也会加一句‘谢谢’。所以我真是害怕这种‘虚伪’的家庭关系。请原谅我用这个词，这是我的心里话。我觉得家人之间就应该真诚相待，怎么想的就怎么做。如果家人之间还相处得这样累，那我不如直接跟外人相处算了！家或者家人，难道不应该是最轻松的连接吗？”

面子上夫妻相敬如宾，从不争吵，里子里一定很差劲，至少是冷漠。这个家缺乏温度，哪怕是争吵的温度，那也是一种锅碗瓢盆交响曲，又叫人间气息。那么在这样的家庭里生存的孩子，也是会缺少了一些人味儿。他们会活得虚伪又隔膜，既不真实面对他人，也不真实面对自己。

一个人不肯真实面对自己，这是大问题，还是那种很难解决的问题。看起来一切都不错，但其实骨子里很糟糕的那种。仿佛一个人长期小感冒，你也说不清有什么不好，但就是整个状态都不对。所以现在人们已经懂得，但凡涉及一个孩子的教育问题，最好先去看一下他父母的婚姻。你看这个路数是对的。孩子的原生环境，对于他的人生，会有至关重要的影响。

一个小时候饿肚子的人，终生都会为吃不饱饭担忧。心理学最愿意追溯到一个人的童年去找病根儿。基本怎么找，怎么准。晚来归家的人，总希望屋子里有一盏灯，是为自己亮着的。独自在异乡打拼的人，最怕楼道里飘出熬鱼或者炖肉的香气。冬日的雨夜，一个人跑去楼下的小便利店买一袋速冻饺子或者一包方便面的经历，大概是比冬夜还要寒冷几分吧。

人都是需要被呵护以及被关注的。我们在别人的呵护与关注中，感知着这个世界的善意。常年单身的女人，最大的抱怨，就是那一句“自己死在外面，都没有人知道”。出差在外的时候，想要打个电话，报个平安，都不知道该去打给谁。

每每为了躲所谓的节日气氛，一个人跑去外地。但是外地也依然是人间啊。依然会有一家子一家子的幸福脸孔，冲击着她的脆弱心灵。这样的凄凉，究竟因何而造成？还是可以追溯到童年。

童年的时候，女友的爸妈感情就不好，夫妻两地分居，一个常年在外漂泊，一个常年在内带孩子上班。有了怨气，便会一股脑撒到孩子身上。

有时候父母对孩子的无名火，也不是故意的。我们长大了才知道，做父母的，其实也并不强大。包括做老师的。小时候认为，他们可能是天底下最强大的人，因为他们想数落谁，就数落谁。

但其实不然，一个人喜欢数落另一个人，并不是他强大的表现，而是他内在其实很弱，很怕。所以他才会用虚张声势的方式，去告诉别人，他很强，他能行。

那么像这样的外强中干者，一旦被打击，就一定会显现出来，因为他们绷不住，他们都是晴雨表（强大的人一定是绷得住的），于是他们的下属或者孩子，就成了最倒霉的出气筒。然后下属和孩子接收了这样的负能量，不敢表露，都像种子一样种在了心里。遇到合适的土壤，才会发芽，发芽出来也不会是好种子，而是黑种子，因为是心里的阴暗部分嘛。所以，这就是我们最不愿意看到的，负能量的多米诺骨牌效应。如果不解决，会一直这样推牌倒下去。很可怕是不是？而且还是人心里的恐惧在不断发芽。

那么吵闹是什么？我们当然说的不是那种当街的大吵大闹和大打出手。我们说的是那种沟通中的小争执，家人不怕的，可以有。不争执，怎么会有和好后的甜蜜？父母其实就是孩子的最好模板，你们过着你们的日子，小孩子在一旁无声地看和学。所以孩子教育不好，或者生活上心理上出了问题，基本都应该有百分之七十源于父母，还有百分之三十，来自他们天生的秉性。家庭才是人的第一学校。比吃饱穿暖更重要的，是一家子和睦。如今饿肚子的事，已经少之又少，但感情上饥饿的，比比皆是。

感情上饥饿的人，最容易受骗上当。知道什么是真情的人，以及见识过真情的人，是不会被山寨感情欺骗去的。所以做父母，真的不是一件简单的事。

图书在版编目（CIP）数据

我爱你，我也不爱 / 阿莱著. -- 北京 ： 北京时代华文书局，2017.3
ISBN 978-7-5699-1436-8

Ⅰ. ①我 Ⅱ. ①阿 Ⅲ. ①散文集－中国－当代 Ⅳ. ①I267

中国版本图书馆 CIP 数据核字（2017）第 040546 号

我爱你，我也不爱
wo ai ni wo ye bu ai

著　　者 | 阿　莱

出 版 人 | 王训海
选题策划 | 陈丽杰　骆礼波
责任编辑 | 陈丽杰　骆礼波
封面插画 | 哈米曦
内文插画 | 李倩莹
装帧设计 | 仙境书品　孙丽莉
责任印制 | 刘　银

出版发行 | 北京时代华文书局 http://www.bjsdsj.com.cn
北京市东城区安定门外大街 138 号皇城国际大厦 A 座 8 楼
邮编：100011　电话：010-64267955　64267677　57735442
印　　刷 | 北京卡乐富印刷有限公司　010-60200572 转 8007
（如发现印装质量问题，请与印刷厂联系调换）
开　　本 | 880mm×1230mm　1/32　印　　张 | 7　字　　数 | 148 千字
版　　次 | 2017 年 4 月第 1 版　印　　次 | 2017 年 4 月第 1 次印刷
书　　号 | ISBN 978-7-5699-1436-8
定　　价 | 39.80 元

我爱你，我也不爱